HISTORIQUE DES ATTAQUES

DIRIGÉES CONTRE

LES FORTS D'ISSY ET DE VANVES

PAR LE 2ᵉ CORPS DE L'ARMÉE DE VERSAILLES

EN 1871.

(OPÉRATIONS DE L'ARME DU GÉNIE)

Par le général DE RIVIÈRES

PARIS
LIBRAIRIE MILITAIRE DE J. DUMAINE
LIBRAIRE-ÉDITEUR
L. BAUDOIN & Cⁱᵉ, Successeurs
30, RUE ET PASSAGE DAUPHINE, 30
—
1882
Tous droits réservés.

HISTORIQUE DES ATTAQUES

DIRIGÉES CONTRE

LES FORTS D'ISSY ET DE VANVES

PAR LE 2ᵉ CORPS DE L'ARMÉE DE VERSAILLES

EN 1871

Extrait du **Journal des Sciences militaires.**
Décembre 1881, Janvier 1882).

Paris. — Imprimerie L. BAUDOIN et C⁰, rue Christine, 2.

HISTORIQUE DES ATTAQUES

DIRIGÉES CONTRE

LES FORTS D'ISSY ET DE VANVES

PAR LE 2ᵉ CORPS DE L'ARMÉE DE VERSAILLES

EN 1871

(OPÉRATIONS DE L'ARME DU GÉNIE)

Par le général DE RIVIÈRES

PARIS
LIBRAIRIE MILITAIRE DE J. DUMAINE
LIBRAIRE-ÉDITEUR
L. BAUDOIN & Cᵉ, Successeurs
30, RUE ET PASSAGE DAUPHINE, 30
—
1882
Tous droits réservés.

A M. le Maréchal de **MAC-MAHON**

Commandant en chef l'armée de Versailles

HISTORIQUE DES ATTAQUES

DIRIGÉES CONTRE

LES FORTS D'ISSY ET DE VANVES

PAR LE 2ᵉ CORPS DE L'ARMÉE DE VERSAILLES,

EN 1871

(OPÉRATIONS DE L'ARME DU GÉNIE.)

L'insurrection du 18 mars 1871 ayant fait tomber Paris au pouvoir du parti démagogique, le Gouvernement, retiré à Versailles auprès de l'Assemblée nationale, s'occupa immédiatement d'y réunir une puissante armée pour délivrer la capitale et y rétablir l'empire des lois.

L'enceinte de Paris et la ceinture de forts qui l'entourent constituent un ensemble tellement puissant, que les Prussiens n'avaient pas même essayé de la réduire par la force. Il ne pouvait cependant être question d'employer les moyens qui venaient de leur réussir, car les forts du nord étant au pouvoir de nos ennemis, un blocus efficace était impossible autrement qu'avec leur concours, expédient si humiliant qu'on ne pouvait se résigner à le subir et d'un résultat tellement éloigné, d'ailleurs, que de son côté la politique interdisait d'y avoir recours. Une situation semblable ne pouvait se dénouer que par un siège régulier. On s'occupa donc sans retard de tout préparer dans ce dessein, et, de tous les points de la France, furent dirigés sur Versailles les hommes et le matériel nécessaires pour entamer une aussi grande entreprise.

L'armée, rapidement accrue, fut mise sous le commandement du maréchal de Mac-Mahon et divisée en trois corps placés sous les ordres : le 1ᵉʳ du général de Ladmirault, le 2ᵉ du général de Cissey, le 3ᵉ du général du Barail. Il existait en outre une armée de réserve commandée par le général Vinoy : elle avait pour mission de garder l'Assemblée nationale de Versailles. Les trois premiers corps étaient destinés aux opérations actives du siège. Un 4ᵉ et un 5ᵉ leur furent adjoints plus tard ; le général Douay commandait le 4ᵉ et le général Clinchant le 5ᵉ.

Une fois le siège résolu, la première chose à faire était de choisir le point d'attaque, de circonscrire le terrain de nos opérations et de l'occuper de manière à tenir Versailles à l'abri de toute pointe de l'ennemi. La possession du fort du mont Valérien, heureusement demeuré entre nos mains, désignait à notre entreprise les fronts du bois de Boulogne et le saillant du Point-du-Jour ; mais, pour être en mesure d'aborder avec facilité ce saillant, il était indispensable de s'emparer du fort d'Issy. L'attaque du bois de Boulogne demandait d'ailleurs à être appuyée sur sa gauche, sans quoi on eût été exposé à être pris en flanc du côté de Neuilly. Le 1ᵉʳ corps fut chargé de cette portion des attaques. Au 2ᵉ corps échut la mission de s'emparer du fort d'Issy ainsi que de celui de Vanves, qui forme étroitement système avec lui, et de contenir, de concert avec le 3ᵉ corps, les sorties pouvant déboucher par les fronts du sud de l'enceinte et remonter à Versailles par la vallée de la Bièvre.

L'ensemble des opérations ainsi défini, nous ne nous occuperons plus dans ce récit que de celles auxquelles prit part le 2ᵉ corps.

Par arrêté du Président du Conseil des ministres, Chef du Pouvoir exécutif, en date du 11 avril 1871, le 2ᵉ corps de l'armée de Versailles fut constitué ainsi qu'il suit :

Commandant en chef : Général DE CISSEY.
Chef d'état-major : Général DE PLACE.
Commandant de l'artillerie : Général DE BERKHEIM.
Commandant du génie : Général DE RIVIÈRES.
Intendant divisionnaire : DE NEUVIER.

1ʳᵉ *division*. — Général LE VASSOR-SORVAL.

1ʳᵉ *brigade*. — Général LIAN. { 4ᵉ bat. de chasseurs de marche.
82ᵉ régiment de marche.
15ᵉ régiment de marche.

2ᵉ *brigade*. — Général OSMONT. { 113ᵉ régiment de ligne.
114ᵉ régiment de ligne.

Artillerie. — 2 batteries de 4 rayé. — Commandant Lefrançois.

Génie. — 18ᵉ compagnie *bis* du 1ᵉʳ régiment. — Commandant Pleuvier.
- Picavet, capitaine en 1ᵉʳ.
- Roshem, capitaine en 2ᵉ.
- Desborde, lieutenant en 1ᵉʳ.
- Rigaud, sous-lieutenant.

2ᵉ *division*. — Général Susbielle.

1ʳᵉ *brigade*. — Général Bocher.
- 18ᵉ bat. de chasseurs de marche.
- 46ᵉ régiment de marche.
- 89ᵉ régiment de marche.

2ᵉ *brigade*. — Général Paturel.
- 17ᵉ bat. de chasseurs de marche.
- 38ᵉ régiment de marche.
- 76ᵉ régiment de marche.

Artillerie. — 2 batteries de 4 rayé. — Commandant Jaubert.

Génie. — 8ᵉ compagnie *bis* du 2ᵉ régiment. — Commandant Michon.
- Granade, capitaine en 1ᵉʳ.
- Renard, capitaine en 2ᵉ.
- Ribeaucourt, lieutenant en 1ᵉʳ.
- Campech, sous-lieutenant.

3ᵉ *division*. — Général Lacretelle.

1ʳᵉ *brigade*. — Général Norl.
- 19ᵉ bat. de chasseurs de marche.
- 39ᵉ régiment de marche.
- 41ᵉ régiment de marche.

2ᵉ *brigade*. — Général Bounetou.
- 70ᵉ régiment de marche.
- 71ᵉ régiment de marche.

Artillerie. — 2 batteries de 4 rayé. — Commandant Desruols.

Génie. — 8ᵉ compagnie *bis* du 1ᵉʳ régiment. — Commandant Faugeron.
- Badère, capitaine en 1ᵉʳ.
- Bunel, capitaine en 2ᵉ, tué et remplacé par le capitaine Maingon, le 21 mai.
- Cuvillier, sous-lieutenant.
- Gambier, sous-lieutenant.

L'état-major du génie fut constitué ainsi qu'il suit :

Général de Rivières, commandant le génie.
Capitaine Langlois, aide de camp.
Colonel Salanson, chef d'état-major.

Commandant Fauvel, chef de bataillon adjoint.
Capitaine Lasvigne, adjoint.
Capitaine Fritch, adjoint.
Capitaine Porez, adjoint.
Capitaine Lafosse, adjoint. Tué le 6 mai et remplacé par le capitaine Petit.
Durand de Villers, adjoint. Tué le 14 mai et remplacé par le capitaine Sever.
Garde du génie de 1re classe Christoph, chargé du bureau.
Garde du génie de 1re classe Papegay, chargé du matériel.

Réserve du génie.
- 1re compagnie *bis* du 3e régiment.
  - Belfort, capitaine en 1er.
  - Perboire, capitaine en 2e.
  - Courtin, lieutenant en 1er.
  - Labbé, sous-lieutenant.
- 1re comp. de mineurs du 2e régiment.
  - Quinivet, capitaine en 1er.
  - Mondange, capitaine en 2e.
  - Sever, lieutenant en 1er.
  - Sulfour, sous-lieutenant. Tué.

Ce fut le 11 avril 1871 que le 2e corps quitta ses cantonnements autour de Versailles pour aller prendre position sur le terrain [1]. Son rôle devait se borner, dans le principe, à surveiller la vallée de la Bièvre, et, tant que les attaques contre les forts d'Issy et de Vanves ne seraient pas entamées, à contenir les insurgés dans l'intérieur des ouvrages. A cet effet, les trois divisions s'établirent : la 1re à la Cour-Roland ; la 2e à Bièvre, et la 3e au Plessis-Piquet. Elles occupaient, du côté de la Bièvre, le sommet du beau plateau dont ce petit cours d'eau contourne le pied ; une brigade relevée toutes les 24 heures était chargée, en outre, de tenir en respect les insurgés ; elle fut naturellement répartie sur le bord du plateau du côté de la place et dans les villages de Châtillon et de Clamart, que l'on s'empressa de relier par une communication s'étendant, du côté de Clamart, jusqu'au contrefort du Moulin-de-Pierre, et du côté de Châtillon, vers Bagneux.

On barricada les rues de ces villages ; les murs de clôture furent crénelés ; on s'occupa, en outre, de réorganiser sur le plateau les anciennes batteries prussiennes en partie nivelées par les pro-

---

[1] Voir la carte à 1/40 000e des environs de Paris.

priétaires, car il était urgent de répondre sans le moindre retard au feu que l'ennemi allait diriger des forts d'Issy et de Vanves sur nos premiers établissements; enfin, on réinstalla des abris pour les munitions et pour les troupes de réserve. Ces travaux, poussés sans relâche, aboutirent à constituer, au bout de quelques jours, une vaste parallèle régnant au pied des hauteurs, destinée à servir de point de départ solide pour nos cheminements ultérieurs, et, en attendant, à contenir les insurgés et à empêcher toute sortie de ce côté. L'établissement de cette parallèle fut protégé par les feux des deux batteries nos 1 et 2, situées à l'extrémité de la croupe de Châtillon. La première était armée de six canons rayés de 12 de siège et de deux canons de 7 de campagne. La seconde reçut quatre canons rayés de 12 de siège.

L'occupation des forts du nord par les Prussiens empêchait, comme nous l'avons dit, d'organiser un blocus complet autour de Paris. On se résolut néanmoins à intercepter tous les arrivages depuis Saint-Denis jusqu'à la haute Seine, et comme l'effectif du 2e corps ne pouvait lui permettre d'organiser une surveillance efficace jusqu'à la haute Seine, le 3e corps, composé uniquement de troupes de cavalerie, lui fut adjoint, pour occuper depuis Verrières jusqu'à Choisy les plaines qui s'étendent en avant des forts de Montrouge, de Bicêtre et d'Ivry. Les troupes du 3e corps furent cantonnées, à cet effet, dans les villages compris entre la Bièvre et la Seine, de manière à former trois lignes destinées à empêcher toute communication. Ces cantonnements furent occupés dès le 14 avril. On eut un moment la pensée de renforcer cet investissement en étendant de ce côté les troupes du 2e corps. Une reconnaissance fut poussée le 18 avril afin d'examiner les difficultés que pourraient présenter à une attaque de vive force les ouvrages du Moulin-Saquet et des Hautes-Bruyères que l'on aurait dû occuper dans cet ordre d'idées. Mais l'examen des lieux démontra que ces ouvrages, bien assis sur le terrain qu'ils découvraient au loin, seraient très difficiles à emporter, et que leur occupation, qui aurait été sans doute fort contrariée par les feux des forts en arrière, n'augmenterait en rien l'efficacité de la surveillance exercée par la cavalerie sur les plaines qui s'étendent entre la Bièvre et la Seine, plaines dans lesquelles il n'existe aucun couvert arrêtant les vues, ni aucun obstacle gênant les mouvements. On renonça donc à étendre de ce côté les troupes du 2e corps.

Le même jour, en prévision de l'ouverture prochaine des attaques régulières des forts d'Issy et de Vanves, les abords de ces ouvrages, tant par Clamart que par le val, furent soigneusement étudiés, et l'on se décida, afin de ne pas être pris au dépourvu, à entamer la confection des matériaux de siège. Dans ce dessein, et dès le lendemain 19 avril, la 7ᵉ compagnie *bis* du 3ᵉ régiment, commandée par le capitaine Belfort, allait s'installer près de la ferme de Trévoux et s'occupait de confectionner des gabions, des fascines, ainsi que des échelles légères, pour le cas où l'on aurait à tenter quelque attaque de vive force. On réunit en outre, tant à Trévoux qu'à Châtillon, les gabions, fascines et claies laissés sur place par les Prussiens et encore en état de servir.

A la date du 17 avril avaient été constituées dans chaque régiment des compagnies auxiliaires du génie d'un effectif de cent hommes, et qui, lorsque leur corps était de service, prenaient part, sous la direction immédiate des officiers du génie, aux travaux de tranchée. Elles furent aussi employées à tour de rôle, ainsi que les compagnies de sapeurs, à la confection du matériel.

Jusqu'alors nous avions laissé en dehors de notre ligne d'occupation le village de Bagneux. On jugea à propos de le rattacher à cette ligne, tant pour assurer la droite de cette parallèle, que parce qu'à la gauche de ce village existait un emplacement très favorable pour une batterie destinée à tenir en respect le fort de Vanves, et que le massif des constructions devait abriter contre le feu des ouvrages de Montrouge et des Hautes-Bruyères. Cette opération fut exécutée le 20 avril. Le village fut enlevé sans résistance et mis aussitôt en état de défense.

Le moment était enfin arrivé où, tous les préparatifs étant terminés, on allait pouvoir entrer dans la période active des opérations. L'attaque principale devait être dirigée, ainsi que nous l'avons dit, contre les fortifications de la rive droite. Mais, pour cela, il était à peu près indispensable d'être maîtres du fort d'Issy, à cause des vues diverses qu'il exerce sur les fronts du bois de Boulogne, et le 2ᵉ corps fut chargé de cette opération. Par décision du 24 avril, le général de Cissey, commandant en chef du 2ᵉ corps, fut nommé au commandement du corps de siège; enfin, par décision du 25 avril, furent constitués les 4ᵉ et 5ᵉ corps d'armée, sous les ordres des généraux Douay et Clinchant; ils étaient composés chacun de deux divisions d'infanterie. Ces deux corps devaient être chargés des attaques contre l'enceinte. Le 4ᵉ eut pour objectif les fronts situés à gauche du Point-du-Jour jusqu'à la porte d'Auteuil, et le 5ᵉ devait attaquer les parties de l'enceinte voisines des portes de la Muette et de Passy; mais il fut préalablement adjoint au 2ᵉ corps pour réduire le fort d'Issy. Le tableau ci-joint donne le détail de la composition de ces deux corps.

4ᵉ CORPS.

Commandant en chef : Général Douay.
Chef d'état-major : Général Renson.
Commandant de l'artillerie : Général Clappier.
Commandant du génie : Général Blondeau.
Intendant divisionnaire : Méry de La Canorgue.

1ʳᵉ *division.* — Général Berthaut.

1ʳᵉ *brigade.* — Général Gandil......
- 10ᵉ bataillon de chasseurs.
- 26ᵉ régiment d'infanterie.
- 3ᵉ régiment provisoire.

2ᵉ *brigade.* — Général Carteret....
- 94ᵉ régiment d'infanterie.
- 6ᵉ régiment provisoire.

Artillerie N.

Génie. — 4ᵉ compagnie *bis* du 1ᵉʳ régiment. — Commandant Guichard.
- Beaudelaire, cap. en 1ᵉʳ.
- Bourgeois, capit. en 2ᵉ.
- Petitbon, lieut. en 2ᵉ.
- Perrodin, sous-lieutenant.

2ᵉ *division.* — Général Lhériller.

1ʳᵉ *brigade.* — Général Leroy de Dais
- 55ᵉ régiment de marche.
- 58ᵉ régiment de marche.

2ᵉ *brigade.* — Général Nayral ..... Détachement du 27ᵉ.

Cavalerie.....................
- 4ᵉ régiment de hussards.
- 2 escadrons de lanciers.

Artillerie N.

Génie. — 11ᵉ compagnie *bis* du 2ᵉ régiment. — Commandant Paucellier.
- Garnier, capitaine en 1ᵉʳ.
- Féraud, capitaine en 2ᵉ.
- Megret, sous-lieutenant.
- Laviron, sous-lieutenant.

L'état-major du génie du 4ᵉ corps fut constitué ainsi qu'il suit :

Général Blondeau, commandant le génie.
Capitaine Lemaire, aide de camp.
Lieutenant-colonel Prévost, chef d'état-major.

Capitaine Brenier, adjoint.
Capitaine Riondel, adjoint.
Capitaine Maingon, adjoint.
Garde du génie de 1re classe Catelot.

5ᵉ CORPS.

Commandant en chef : Général Clinchant.
Chef d'état-major : Général de Bouillé.
Commandant de l'artillerie : Robineau-Marcy.
Commandant du génie : Général Javain.
Intendant divisionnaire : Costet.

1re *division.* — Général Duplessis.

1re *brigade.* — Général de Courcy .. { 1ᵉʳ régiment provisoire.
{ 2ᵉ régiment provisoire.
2ᵉ *brigade.* — Général Blot........ { 3ᵉ régiment provisoire.
{ 4ᵒ régiment provisoire.

Artillerie N.

Génie. — 17ᵉ compagnie du 3ᵉ régiment. — Commandant Barillon.
{ Martin, capitaine en 1ᵉʳ.
{ Arvers, capitaine en 2ᵉ.
{ Piette, lieutenant.
{ Sottar, lieutenant.
{ Luthard, sous-lieutenant.

2ᵉ *division.* — Général Garnier.

1re *brigade.* — Général de Brauer... { 13ᵉ régiment provisoire.
{ 14ᵉ régiment provisoire.
2ᵉ *brigade.* — Général Minot....... { 15ᵉ régiment provisoire.
{ 16ᵉ régiment provisoire.
Cavalerie .... 6ᵉ régiment de chasseurs.

Artillerie N.

Génie. — 19ᵉ compagnie du 2ᵉ régiment. — Commandant Varaigne.
{ Béral, capitaine en 1ᵉʳ.
{ Huet, capitaine en 2ᵉ.
{ Brillon, lieutenant.
{ Couchet, sous-lieutenant.

L'état-major du génie du 5ᵉ corps fut constitué ainsi qu'il suit :

Général Javain, commandant le génie.
Capitaine de Prez-Crassier, aide de camp.
Lieutenant-colonel Tézénas, chef d'état-major.

Capitaine Chéry, adjoint.
Capitaine Bruneau, adjoint.
Capitaine Moreau, adjoint.
Garde du génie de 1re classe Baudoin.

La forme générale du terrain des attaques des forts d'Issy et de Vanves comporte deux plateaux étagés au-dessus de la plaine de la rive droite de la Seine. Le plateau intermédiaire, sur lequel sont situés les forts, est légèrement ondulé par des vallons descendant vers la Seine. Au-dessus de ces deux ouvrages règne le plateau de Châtillon et de Meudon, duquel se détache le vallon profondément encaissé du Val-Fleury qui limite nettement le contrefort distinct que couronne le fort d'Issy. Cet ouvrage se rattache également par des pentes assez raides avec les berges de la Seine.

Trois des fronts bastionnés du pentagone qui constitue le fort ont vue sur le terrain des attaques ; l'un fait face à Châtillon, un autre à Clamart, le troisième regarde Meudon. L'action essentielle de l'ouvrage est exercée par les fronts de Clamart et de Meudon, car en raison des vues de revers prises par le fort de Vanves, le front de Châtillon n'est pas attaquable. On ne saurait, d'ailleurs, aborder l'ouvrage par les fronts du côté de l'enceinte sans se présenter aux vues de la place et surtout du Point-du-Jour. Les attaques étaient forcément circonscrites, comme on le voit, au terrain situé en avant des fronts de Clamart et de Meudon.

Cette partie du terrain est divisée en deux régions bien distinctes par le chemin de fer de Versailles à Paris. La voie ferrée franchit le val sur un viaduc qui se prolonge en remblai et donne du côté de Meudon des couverts très utiles pour les approches et les rassemblements des troupes et du matériel. Du côté de Vanves, la voie s'infléchit à gauche, et après un passage à niveau d'une vingtaine de mètres à peine de longueur, entre dans une tranchée profonde qui longe le pied des glacis du front de Clamart. Cette tranchée circonscrivait forcément le champ déjà restreint des attaques, car elle rendait à peu près inabordable le front de Clamart. Il ne restait ainsi d'accessible à nos approches que le terrain compris entre le fort, le chemin de fer, le val et la Seine.

Dans cette situation, du moment où le 2e corps était chargé de la conduite du siège, il devenait indispensable de comprendre dans son rayon d'action le Val-Fleury, point de départ obligé pour nos cheminements ; comme d'ailleurs l'effectif du 2e corps était insuffisant pour mener à bonne fin les travaux d'attaque, par ce double motif, la division Faron, campée dans le Val-Fleury, lui fut adjointe provisoirement, et la compagnie de sapeurs qui en faisait partie sous les ordres du commandant de Bussy, vint augmenter l'effectif des troupes du génie du 2e et du 5e corps réunies sous le commandement du général de Rivières, chargé de la direction des attaques de la rive gauche. Le tableau ci-après donne le détail de la composition de la division Faron.

ARMÉE DE RÉSERVE.

1re division. — Général Faron.

1re brigade. — Général DE LA MARIOUSE.
- 35e régiment de ligne.
- 49e régiment de ligne.

2e brigade. — Général DERROJA.
- 109e régiment de ligne.
- 110e régiment de ligne.

3e brigade. — Général BERTHE.
- 22e bataillon de chasseurs de marche.
- 64e régiment de ligne.
- 65e régiment de ligne.

Artillerie N.

Génie. — 18e compagnie *bis* du 2e régiment. — Commandant DE BUSSY.
- KIENNÉ, capitaine en 1er.
- LAURENT, capitaine en 2e.
- CHEVREAU, lieutenant.
- RANGÉ, sous-lieutenant.

Dès que les cantonnements du 2e corps eurent été étendus jusqu'au-delà du Val-Fleury, on se mit en mesure de prolonger la grande parallèle de Châtillon au Moulin-de-Pierre jusqu'au viaduc, qui formait de ce côté la limite de l'occupation de la division Faron. La partie du val voisine de la Seine et le village des Moulineaux étaient encore en ce moment au pouvoir des insurgés. Un nouveau dépôt de tranchées fut installé au val, celui de Clamart paraissant trop éloigné des attaques qui allaient se développer devant le front de Meudon.

L'artillerie, de son côté, ne perdait pas non plus un seul instant pour développer ses moyens d'action. En sus des batteries nos 1 et 2, situées à la pointe de Châtillon et qui étaient destinées surtout à contrebattre le fort de Vanves, auquel elles faisaient face, elle entreprit la construction de 6 nouvelles batteries dont 5 étaient dirigées contre le fort d'Issy et 1 contre ceux de Vanves et de Montrouge. L'ensemble de ces 8 batteries comportait un armement de 23 bouches à feu de siège et de place, de 18 canons de campagne et de 2 mitrailleuses.

La batterie n° 3, pour 3 pièces, était organisée dans une sablonnière à flanc de coteau, à droite de Clamart. La batterie n° 4, à la porte de Châtillon, occupait le bord du plateau en avant de la batterie n° 5 masquée par la lisière des bois. La batterie n° 6, sur le contrefort du Moulin-de-Pierre, tirait de sa position rapprochée du fort d'Issy (1100^m) une importance particulière. La batterie n° 7, établie dans le voisinage de Fontenay-aux-Roses, était destinée à agir spécialement contre Vanves et Montrouge. Enfin la batterie n° 8, dite des Châlets, renforçait l'action de celle du Moulin-de-Pierre et devait concourir avec elle à l'ouverture d'une brèche dans la courtine du front 2-3 dans le voisinage du flanc gauche du bastion 3.

Pendant que l'on procédait à la construction de ces diverses batteries, on s'occupait en même temps de réorganiser et d'armer la grande batterie de la terrasse de Meudon, qui reçut 16 pièces de 12 de siège et 16 pièces de 24 court. Enfin, comme en raison de son éloignement du fort d'Issy (2600^m) et de l'obliquité de son tir, elle ne paraissait pas devoir suffire, on se décida à entreprendre la construction d'une dernière batterie auprès de la station du chemin de fer, bien en face du front d'attaque et dont les feux atteignaient des portions de terrain très intéressantes, situées bien à l'abri des batteries qui viennent d'être énumérées, notamment la plaine de Billancourt et d'Issy, le village, le parc d'Issy et la route de Vaugirard, le viaduc du Point-du-Jour, sous les arches duquel stationnaient des canonnières qui inquiétaient nos campements du val et désolaient le village de Meudon. Cette batterie, qui contrebattait directement le front de Meudon, enfilait en outre le front du fort d'Issy qui regarde le Point-du-Jour et voyait à travers la gorge de l'ouvrage; elle fut massée par les sapeurs du commandant de Bussy, l'artillerie étant en ce moment débordée par ses travaux sur les autres points.

Le front de Meudon était, d'un autre côté, écharpé par les batteries de Châtillon et enfilé par celle du Moulin-de-Pierre. Enfin, le front de Clamart, écharpé par la batterie de Brimborion, était contrebattu par les batteries de Meudon, de Châtillon, du Moulin-de-Pierre et des Châlets dont le tir plongeant devait favoriser singulièrement l'ouverture de la brèche.

Le tableau ci-joint donne le détail des diverses batteries ayant action sur les attaques, le 28 avril, jour de l'ouverture du feu.

TABLEAU

NUMÉROS et désignation.	EMPLACEMENT.	DÉTAIL DE L'ARMEMENT.					
		24 court.	24 rayé de place.	12 rayé de siège.	12 rayé de campagne.	7 rayé.	Mitrailleuses.
1 Armement primitif.	Plateau de Châtillon, à l'extrémité du plateau, près la voûte en avant de la redoute.	»	»	»	2	2	»
2 Armement primitif.	A gauche de la batterie n° 1.	»	»	4	»	»	»
3 dite de la Sablonnière.	En capitale du bastion 2 d'Issy, dans une sablonnière près la Tour-aux-Anglais, à gauche de la redoute de Châtillon.	»	3	»	»	»	»
4	Ancien épaulement prussien à 400 mètres à gauche de la porte de Châtillon, au-dessus de Clamart.	»	6	»	»	»	»
5	Plateau de Châtillon, en arrivant à gauche de la précédente, près du chemin qui reliait la porte de Châtillon à la porte de Verrières.	»	»	»	»	4	»
6 du Moulin-de-Pierre.	Au Moulin-de-Pierre, à gauche de Clamart.	2	»	2	»	»	2
7	Entre Châtillon et Bagneux.	»	»	»	6	»	»
8 1er armement.	Près des Châlets.	»	»	6	»	»	»
8'	Terrasse de Meudon.	»	4	8	»	»	»
8"	Station de Meudon.	»	»	»	»	3	»
		2	13	20	8	9	2

N° 1.

DESTINATION.	DATES		OBSERVATIONS.
	de l'ouverture du feu.	de la cessation du feu.	
Contrebattre le fort de Vanves.	8 avril.	8 mai.	
Idem.	8 avril.	8 mai.	
Contrebattre le fort d'Issy (distance de l'ouvrage, 2,200 mèt.).	25 avril.	9 mai.	
Contrebattre le front 2-3 du fort d'Issy (distance de l'ouvrage, 2,400 mètres).	25 avril.	7 mai.	
Idem (distance de l'ouvrage, 2,800 mètres).	25 avril.	5 mai.	
Battre en brèche la courtine 2-3 ; crever les casemates de cette même courtine.	25 avril.	14 mai.	A partir du 9 mai a tiré sur Vanves. 2 mitrailleuses ont été ajoutées plus tard à cette batterie pour seconder le cheminement sur le front de Meudon 3-4.
Contrebattre le fort de Montrouge (distance 2,500 mètres).	25 avril.	8 mai.	
Tir direct et plongeant sur le fort d'Issy, le cimetière et les terrains environnants (distance de l'ouvrage, 1,500 mètres).	28 avril.	8 mai.	
Contrebattre le fort d'Issy et le Point-du-Jour (4 pièces).	25 avril.	8 mai.	
Contrebattre le fort d'Issy (une pièce); battre la plaine d'Issy, le cours de la Seine, le parc d'Issy (2 pièces).	25 avril.	8 mai.	

En résumé, au moment de l'ouverture du feu, le 21 avril, l'artillerie du 2ᵉ corps avait en ligne :

Contre le fort d'Issy, 4 batteries armées :

De 21 canons de 24 rayés,
De 10 canons de 12 rayés de siège, } 38 bouches à feu.
De 7 canons de 7 rayés,

Contre le fort de Vanves, 2 batteries armées :

De 6 canons de 12 rayés de siège, } 8 bouches à feu.
De 2 canons de 7 rayés,

Enfin, contre le fort de Montrouge :

1 batterie armée de 6 canons de 12 } 6 bouches à feu.
rayés de campagne,

Soit en totalité, 52 bouches à feu, plus 2 mitrailleuses.

Nous comprenons dans ce chiffre les 6 pièces de la batterie n° 8 qui n'ouvrit son feu que le 28 avril. Deux mitrailleuses furent ajoutées à la même date à la batterie n° 6.

La lutte d'artillerie s'engagea le 25 avril, à 8 heures du matin, avec une grande violence. Elle fut vivement soutenue par le fort d'Issy, secondé par le corps de place; pendant la première heure, le succès demeura incertain; mais bientôt la supériorité de notre tir s'affirma et grandit de plus en plus. Vers le soir, cette supériorité fut définitivement acquise.

Les batteries n°ˢ 1 et 2, luttant seules contre le fort de Vanves, furent très éprouvées; quant à la batterie n° 7, elle fit beaucoup de mal au fort de Montrouge, sans éprouver de pertes.

Dès le lendemain 26, la physionomie de la lutte changea complètement; le fort d'Issy n'avait plus qu'un tir intermittent, bien qu'il fût soutenu par l'enceinte, qui avait armé les bastions ayant vue sur nos attaques, de pièces de 30 de marine tirant avec assez de justesse à la distance de 5,000 mètres. Malgré cet appui, notre supériorité fut définitivement établie. Le moment était venu de mettre à profit cette situation en nous portant résolûment sur le plateau supérieur.

Une nouvelle organisation du travail fut ordonnée dans ce but.

A partir du 26 avril, le service de tranchée fut réglé comme il suit :

Un chef de bataillon du génie, chef d'attaque, avec un capitaine d'état-major du génie, adjoint, se relevant toutes les vingt-quatre heures, à 7 h. 1/2 du soir.

Une section de la compagnie du génie, sous les ordres du commandant de tranchée, avec ses deux officiers, est commandée pour les douze heures de jour; l'autre section la remplace pendant les douze heures de nuit. Les travailleurs d'infanterie sont demandés tous les jours au général commandant en chef. Ils se rassemblent à 7 h. 1/2 du soir ou du matin, aux dépôts de tranchées qui, depuis le 25 avril, sont installés au Val-Fleury pour les attaques de gauche, à la villa Batave, à Clamart, pour celles de droite, y prennent leurs outils et sont emmenés par les officiers du génie de service. Ces travailleurs sont commandés pour douze heures; ils font la soupe à la tranchée.

Le colonel d'état-major Leperche est nommé major de tranchée.

Le terrain sur lequel allaient se développer nos attaques demande une description particulière. Nous avons dit plus haut que, des cinq fronts du pentagone d'Issy, deux seulement, les fronts de Meudon et de Clamart, échappaient assez aux visées, soit de la place, soit du fort de Vanves, pour que l'on pût en approcher au moyen de cheminements. Ajoutons que la grande tranchée du chemin de fer se prêtait difficilement, en raison de sa grande profondeur et des enfilades auxquelles elle était soumise de la part du fort de Vanves, au développement d'attaques régulières devant le front de Clamart, et comme à la sortie de cette tranchée, dans la direction de Versailles, la voie ferrée franchit immédiatement le ravin du val, après un passage à niveau d'une longueur de quelques mètres seulement, il en résultait que les glacis du front de Meudon et le plateau qui leur fait suite ne sont accessibles que par les pentes situées du côté du val, entre le viaduc et les Moulineaux. La limite de grand'gardes de la division Faron et du 2° corps étant formée par ce même viaduc, la première chose à faire était de prendre possession de la partie inférieure du val pour constituer ainsi une base solide pour nos cheminements ultérieurs, ce qui impliquait nécessairement la prise du village des Moulineaux, situé dans le fond du val, et qui s'étend ensuite le long de la rivière vers le village d'Issy. Cette opération fut décidée pour le 26 avril.

Nuit du 26 avril. — A 8 heures du soir, 100 fusiliers marins, précédant 300 hommes du 110ᵉ régiment de ligne et soutenus par 4 compagnies du 35ᵉ régiment de marche, débouchèrent du viaduc. Deux bataillons d'insurgés occupaient le village, qui fut enlevé brillamment, ainsi qu'une barricade établie à son extrémité, à environ 1,200 mètres du viaduc et à 400 en deçà du mur de clôture du parc d'Issy.

Le commandant Pleuvier, avec la compagnie Picavet, avait pris part à l'enlèvement du village, et le général de Cissey témoigna sa satisfaction de leur vigueur. Aussitôt que les troupes furent maîtresses du village, la compagnie se porta en tête et organisa deux barricades, l'une pour les avant-postes, l'autre formant la tête de notre occupation, toutes deux bien appuyées aux maisons voisines dûment crénelées et protégées en outre par des embuscades. On établit immédiatement, à travers les maisons et jardins, une communication couverte des vues de l'ennemi.

Cette affaire des Moulineaux nous coûta environ 30 hommes mis hors de combat, dont 7 officiers. Elle détermina immédiatement l'évacuation d'un grand nombre de postes avancés d'où les insurgés couvraient le plateau de feux.

L'occupation des Moulineaux nous avait rendus maîtres du fond du vallon ; il fallait maintenant prendre pied sur le plateau en couronnant le haut des pentes descendant au val. Une route destinée à relier Clamart au pont de Billancourt, et qui était en construction au moment du siège de Paris, se développait précisément au point où le plateau supérieur s'infléchit brusquement, et offrait de nombreux couverts tant dans les parties en déblai qu'en arrière de celles en remblai. Il était très important de se porter le plus tôt possible jusque-là, car si les insurgés étaient venus s'appuyer sur ces défenses naturelles pour nous maintenir dans le fond du vallon, il n'eût pas été facile de les en déloger. L'occupation de cette ligne fut résolue dès le lendemain de la prise des Moulineaux.

Nuit du 27 avril. — Le 27 avril au soir, le commandant Faugeron avec le capitaine Badère, le lieutenant Cuvillier et 40 sapeurs, aidés par la compagnie auxiliaire du 41ᵉ et soutenus par 4 compagnies du 110ᵉ, ouvrirent le long de la route, à 550 mètres environ du val, une parallèle de 700 mètres de longueur, s'étendant depuis le chemin de fer jusqu'au sommet des escarpements du côté des Moulineaux. Le travail ne fut inquiété par la fusillade de l'ennemi que vers 1 h. 1/2 du matin, lorsque les hommes étaient déjà à peu près couverts. Pour empêcher cette parallèle d'être tournée par la tranchée du chemin de fer, le capitaine Lafosse établit, un peu en avant de la direction de la parallèle, une barricade défensive formée de trois épaisseurs de gabions à la base et couronnée d'une double gabionnade. Cette barricade éprouva le lendemain 28, pendant toute la journée, sans être endommagée, le feu d'une mitrailleuse que les insurgés vinrent établir à 1,000 mètres environ en avant.

Une tentative faite pendant la même nuit pour raser à l'aide de la dynamite la ferme Bonnamy, située au pied des glacis du fort de Vanves, sur la route de Châtillon, et d'où les insurgés ne cessaient d'inquiéter nos avant-postes, ne réussit pas, l'infanterie n'ayant pu déloger l'ennemi de cette construction. En revanche, à Clamart, on reporta à 150 mètres en avant, dans la rue de Paris, la tête de notre occupation.

La journée du 28 avril se passa à consolider les travaux de la nuit précédente et à transporter dans le val des gabions et des sacs à terre.

Nuit du 28 avril. — L'occupation du fond du val ne faisait en quelque sorte que prolonger jusqu'à la Seine la grande parallèle reliant Châtillon et Clamart au viaduc. Les travaux de la nuit précédente portaient nos attaques du front de Meudon bien en avant de cette première parallèle. Il devenait nécessaire de soutenir ces cheminements en ouvrant sur notre droite, de l'autre côté de la tranchée du chemin de fer et devant le front de Clamart, une seconde parallèle. Les chemins de Vans et de la Voie-Verte marquaient sur le terrain la place de cette parallèle. Ainsi établie, elle devait nécessairement faire tomber les embuscades que les insurgés occupaient au sud du grand déblai du chemin de fer, et empêcher les petites sorties qui auraient pu prendre à revers nos nouvelles tranchées. Cette opération fut exécutée dans la nuit du 28 au 29 avril. La portion de parallèle ouverte avait 500 mètres de longueur et s'étendait entre le prolongement de la rue de Paris et Clamart et le contrefort qui s'avance entre Clamart et Châtillon.

Pendant cette même nuit, on avait espéré, à l'aide d'intelligences, pénétrer dans la place par une des portes de la rive droite. La division Faron devait prendre part à cette tentative, qui n'aboutit pas.

La journée du 29 se passa à améliorer la parallèle de droite et à organiser dans celle du front de Meudon des gradins de franchissement, car on se préparait à faire un nouveau bond en avant.

La faible résistance opposée soit à la prise des Moulineaux, soit à l'ouverture de la seconde parallèle devant le front de Meudon, dénotait évidemment chez les insurgés un grand découragement. Cette situation ne pouvait que s'accentuer sous l'impression produite par l'effet prépondérant de notre artillerie qui continuait à tirer avec violence. Dans ces conditions, tout donnait à penser qu'au lieu de passer par toutes les lenteurs d'un cheminement pied à pied, on pourrait, sans éprouver de trop fortes pertes, s'emparer successivement du terrain par une série d'attaques brusquées, en s'établissant sur le terrain à chaque bond, au moyen de parallèles de plus en plus rapprochées de l'ouvrage. Une fois logés dans ces parallèles et protégés par la rapidité du tir de nos nouvelles armes, il n'y avait pas à craindre d'en être délogés par un ennemi dont chaque jour nous apprenait à tenir de moins en moins compte. En donnant d'ailleurs à ces parallèles un grand développement, on était assuré que les insurgés ne sachant où concentrer leurs feux, nos troupes n'auraient pas trop à souffrir de la hardiesse de notre marche.

Nuit du 29 avril. — Dans cet ordre d'idées, on prescrivit pour la nuit du 29 au 30 avril l'attaque du cimetière d'Issy et l'ouverture d'une parallèle située à 300 mètres du saillant du front d'attaque et prenant appui sur la tranchée du chemin de fer. En même temps, on devait entreprendre une communication rattachant à Bagneux et à Châtillon la batterie établie entre ces deux villages et achever la parallèle de la Voie-Verte. Enfin, une nouvelle tentative devait être faite sur la ferme Bonnamy.

Des instructions détaillées furent données pour ces différentes opérations. L'attaque devait avoir lieu à 10 heures précises, sous la direction du commandant Michon. Elle devait être préparée par une violente canonnade dirigée contre le cimetière, les glacis et le front de Meudon, à partir de la tombée de la nuit. Pour que la cessation du feu n'avertît pas les insurgés du moment de l'attaque, l'artillerie devait continuer son tir, en le relevant et de manière à porter ses projectiles sur le terrain en arrière du fort par où pouvaient arriver les réserves.

A 7 heures et demie, la canonnade commence ; elle s'accentue fortement à 8 heures, et à 8 heures et demie 300 travailleurs d'infanterie partent de la carrière du chemin de fer et se rendent dans la parallèle ; ils sont conduits par le capitaine Perboyre, de l'état-major, et par le capitaine Renard, qui commande un détachement de 40 sapeurs destinés à organiser la défense du cimetière. Le lieutenant Ribeaucourt, avec 20 sapeurs munis de poudre et d'outils pour détruire les palissades et les palanques que l'on dit exister de ce côté, doit suivre l'attaque que deux compagnies du 109° et une de fusiliers marins doivent faire sur la gauche du cimetière et sur les défenses qui relient le parc d'Issy tant au cimetière qu'à la place d'armes située en arrière.

A 10 heures précises, l'attaque de droite commence ; la colonne chargée de tourner le cimetière y parvient sans grandes difficultés. Une fusée de signal le fait connaître et la colonne de gauche s'élance à son tour. Après une fusillade bientôt éteinte et malgré les décharges incessantes des mitrailleuses qui garnissent le rempart et dont le tir est heureusement trop relevé pour nous atteindre, cette attaque réussit également, et aussitôt les 300 travailleurs et les sapeurs commencent à ouvrir la tranchée qui doit relier le cimetière et le chemin de fer.

Le commandant Michon et le lieutenant Ribeaucourt reconnaissent le terrain à gauche et en tête à hauteur des palanques et organisent les tranchées existantes de manière à abriter les marins qui enveloppent le bastion 4. Les autres troupes se développent le long de la route du parc d'Issy, couverte par la déclivité du sol, en attendant qu'une colonne commandée par le général Paturel soit venue des Moulineaux pour cerner les insurgés qui occupent le parc. Ceux-ci, tournés et enveloppés, sont faits prisonniers et 10 pièces de canon tombent entre nos mains. Immédiatement, on place 200 travailleurs entre l'angle du parc et du cimetière pour y ouvrir un boyau de communication. Le nombre des travailleurs, porté à 1000 pendant la nuit, permet d'être assez couvert au point du jour, pour que l'on puisse se maintenir dans les tranchées et les améliorer pendant la journée. Le terrain est très dur et rocheux à une faible distance du sol ; heureusement que le feu du fort n'inquiète que faiblement le travail.

A droite, pendant la même nuit, on a prolongé de 180 mètres vers Châtillon la parallèle de la Voie-Verte qui passe à 150 mètres environ du redan que les insurgés occupent au milieu de la ligne de contre-approche reliant les forts de Vanves et d'Issy. On a établi une barricade à la traversée de la rue de Paris, et organisé pour la défense les maisons voisines; on a rattaché la seconde parallèle à la première en suivant le ruisseau de Clamart; enfin, on a achevé de relier la batterie n° 7 aux villages de Bagneux et de Châtillon.

Une nouvelle tentative contre la ferme Bonnamy n'a pas d'abord plus de succès que la précédente; mais, au moyen d'un nouvel effort, l'infanterie s'en empare et fait 70 prisonniers. Malheureusement, dans la première attaque, le caporal chargé des amorces de la dynamite avait été pris et les amorces perdues. On ne peut donc pas raser la ferme comme on se proposait de le faire.

Nuit du 30 avril. — Dans la journée du 30, on ne fit que perfectionner les travaux commencés pendant la nuit. Dans la nuit du 30 avril au 1er mai, on améliora le boyau qui reliait les escarpements à la tranchée du cimetière et on ouvrit une communication entre ce boyau et la parallèle qui s'étend du cimetière au chemin de fer; enfin, on perfectionna la tranchée qui réunissait le cimetière et le parc.

A la suite du coup de vigueur qui nous avait portés au pied même des glacis, les insurgés, découragés par la rapidité et le succès de nos attaques, paraissaient ne devoir plus faire de résistance. Le fort d'Issy était muet, ainsi que le château situé au fond du parc. Prévenu de cet état de choses, M. le général de Cissey, sur l'ordre du Chef du Pouvoir exécutif, fit sommer le commandant du fort de se rendre. Cette démarche sembla tout d'abord devoir aboutir; mais, après de longs pourparlers, ce fut le délégué de la guerre, le lieutenant Rossel, chose triste à dire, ancien officier du génie, qui se chargea de répondre au colonel Leperche en termes tels que les hostilités furent reprises immédiatement. Pendant ce temps, la garnison du fort et du château avait été renouvelée, et, vers le soir, un feu violent de mousqueterie fut ouvert tout à coup par les insurgés. De plus, des pièces de campagne habilement placées dans le village et dans la plaine d'Issy nous envoyaient des obus tant sur le parc que sur nos cheminements à gauche du cimetière.

De notre côté, nous avions reconnu, dès le matin, le terrain conquis; on constata l'existence de nombreuses carrières sur les pentes du coteau descendant la Seine, dans lesquelles on était complètement à l'abri des feux du fort et de la place, et d'où l'on découvrait tous les fronts du Point-du-Jour et du bois de Boulogne qui se présentaient à nos coups d'enfilades et de revers. La vue plongeait notamment dans l'intérieur du bastion le plus en saillie que tout semblait désigner à nos attaques. En présence d'une situation aussi favorable et que la prise imminente du parc d'Issy allait encore plus accentuer, peut-être aurait-on pu entamer immédiatement les attaques de la rive droite, passer la Seine, occuper Boulogne, s'étendre à droite et à gauche de cette position, commencer les approches du matériel et la confection que devait nécessiter le grand développement des tranchées. Il était évident que le fort d'Issy avait assez à faire en ce moment de soutenir la lutte avec notre artillerie pour qu'il y eût lieu de se préoccuper des obstacles venant de ce côté. En ajournant la grande opération de l'attaque du Point-du-Jour, on allait perdre nécessairement du temps, et cet élément toujours si précieux tirait en ce moment de la situation politique une importance qu'il ne fallait pas perdre de vue.

Dans la pensée qu'on allait ouvrir la tranchée devant ce point si facile à aborder, l'artillerie s'occupa immédiatement d'organiser une batterie, cotée 10 et armée de 5 pièces de 24 court, pour venir en aide aux attaques de la rive droite; en même temps, elle en établissait une seconde, cotée 11 et armée de 4 mortiers qui devaient lancer des bombes dans l'intérieur du fort. On espérait, en les dirigeant vers l'entrée des casemates du front 2-3 de Clamart, dont les murs de fond étaient battus en brèche par les batteries du Moulin-de-Pierre et des Châlets, rendre les logements intenables et hâter ainsi la reddition du fort. On songea un moment à tenter pour le réduire une attaque de vive force. Trois des murs de fond avaient été crevés par nos projectiles; un des murs de refend paraissait aussi sérieusement endommagé, et le parapet supérieur était en partie écroulé; mais les flancs étaient encore intacts et portaient tous leur armement; les abatis n'avaient que peu souffert, ainsi que le palissadement des chemins couverts; enfin, la contrescarpe était entière. Tout bien considéré, on estima, et avec raison, qu'un assaut avait peu de chances de réussir, surtout en présence du renouvellement de la garnison du fort que l'on venait de recruter parmi les gens les plus énergiques des insurgés.

Toutefois, le succès de notre attaque du cimetière indiquait combien la direction de la défense était peu intelligente. Dans ces conditions, c'eût été faire trop d'honneur aux insurgés que de chercher à les aborder en cheminant pied à pied; il est à remarquer, d'ailleurs, que si, en se conformant aux méthodes ordinaires, on avait couronné les chemins couverts, construit des batteries de brèche et fait une descente de fossé, force aurait été de déplacer nos batteries, car, en raison de leur grand éloignement du fort, il était impossible de régler leur tir d'une manière assez précise pour éviter que leurs coups courts n'atteignissent les travailleurs aux abords des crêtes du chemin couvert. Il serait résulté de ce déplacement de nouvelles causes de retard. Le temps pressait, d'ailleurs, et il fallait abréger à tout prix la durée de la crise militaire et politique que l'on traversait. Voici comment on sortit de ce grave embarras.

Les abords de l'ouvrage présentaient une particularité tout à fait singulière; la grande tranchée du chemin de fer et le parc du château d'Issy qui occupe les pentes raides situées entre le front 4-5 et la Seine, échappent aux vues de cet ouvrage, la première en raison de sa profondeur, le second par suite de la déclivité du sol. Rien n'était donc plus simple, en se portant par un coup de vigueur à l'extrémité de ces couverts, que de déborder le fort; cela fait, de deux choses l'une : ou les insurgés se retireraient dans la place, ou, s'ils continuaient à résister, on pouvait arriver à intercepter leurs communications vers Paris en entamant à la fois, en partant du parc et de la station de Clamart, de nouveaux cheminements marchant à la rencontre l'un de l'autre. Tout donnait à penser qu'au moment où la garnison serait sur le point d'être cernée, elle évacuerait le fort.

Il était évident qu'en suivant cette marche on courait le risque d'être pris en flanc dans le parc par une sortie débouchant des chemins couverts du front 4-5 qui fait face à la Seine. Le mur de clôture de ce côté du parc présentait plusieurs brèches dont l'ennemi aurait pu tirer grand parti; mais on apprécia que les insurgés n'étaient pas assez résolus pour tenter une action semblable, et l'événement justifia ces prévisions.

Ce projet d'attaque ayant reçu l'approbation de l'autorité supérieure, on se mit immédiatement à l'œuvre. Des ordres furent donnés pour enlever dans la nuit du 1ᵉʳ au 2 mai, d'un côté la station de Clamart, de l'autre le château d'Issy, que contrebattit, pendant toute la journée du 1ᵉʳ mai, une petite batterie, cotée n° 9, de 3 pièces de 4 rayées, organisée uniquement dans ce but et qui tirait derrière un épaulement en sacs à terre improvisé à la tête du parc.

Nuit du 1ᵉʳ mai. — Le commandant Faugeron fut chargé de guider l'attaque du château. On forme pour cela trois colonnes fortes chacune de deux compagnies d'assaut et de deux compagnies de soutien. Elles partent simultanément à 11 heures du soir. La colonne de droite, composée de deux compagnies du 42°, avec un détachement de sapeurs commandé par le capitaine Bunel, s'engage dans le chemin creux qui longe à l'extérieur le mur de clôture du haut du parc, malgré le feu très vif d'une barricade élevée sur la route. Le capitaine Bunel y est blessé mortellement. Le commandant Faugeron s'y porte immédiatement avec des travailleurs d'infanterie munis de sacs à terre, et parvient à grand'peine à organiser deux portions de tranchées habitables.

La colonne du centre, formée également de deux compagnies du 42°, avec un détachement de sapeurs commandé par le sous-lieutenant Cuvillier, suit à l'intérieur le même mur de clôture et pénètre successivement, en tête de la colonne, dans les divers vergers de droite dont les murs sont immédiatement crénelés. On prend possession de l'enclos situé à l'angle du chemin des Morts et de la rue du Château qui commande une des avenues du fort; en un mot, on est maître de toute la partie supérieure du terrain et l'on crénelle le mur faisant face au front n° 5.

La colonne de gauche est composée de deux compagnies du 35° et d'un détachement de sapeurs commandé par le capitaine Badère. Elle débouche de notre barricade la plus avancée, pénètre dans le parc et emporte successivement une barricade ennemie, le château, ses dépendances, la place en avant dont on barricade immédiatement les issues; on occupe en même temps les maisons voisines. Du côté de Clamart, le capitaine Lafosse est chargé de prendre possession des bâtiments de la station. A 11 heures du soir, le 22° bataillon de chasseurs à pied débouche de la parallèle de la Voie-Verte; vingt-cinq minutes après, les bâtiments de la station, les maisons avoisinantes et la barricade de la rue de Paris étaient tournés ou enlevés à la baïonnette. Presque tous les insurgés qui les occupaient étaient tués ou faits prisonniers, sans que, grâce à l'élan des troupes et à la rapidité de l'attaque, nous ayons eu de pertes. Le capitaine Lafosse se porte alors avec 200 travailleurs et 20 sapeurs commandés par le lieutenant Gambiez, par la tranchée du chemin de fer, à la gare de Clamart; après avoir reconnu les lieux, il fait commencer une barricade un peu en arrière de la station, prenant appui au talus de la tranchée. En même temps, le lieutenant Gambiez fait retourner sur une longueur de 180 mètres la tranchée qui couronne, du côté du fort, le talus de la grande tranchée. Tout ce travail n'est inquiété qu'au début par le feu du fort qui, bien que très vif, ne blesse personne.

Ce nouveau coup de main, qui nous portait à plus d'un kilomètre en avant de nos positions de la veille, accentuait encore plus les vues que nous pouvions exercer sur les fronts du Point-du-Jour et du bois de Boulogne. Le bastion d'attaque se présentait presque à dos à nos coups. Il n'eût pas été possible aux insurgés d'y tenir, et tout commandait de brusquer l'attaque de ce point. On crut devoir attendre pour cela l'achèvement de la grande batterie de Montretout, destinée à contrebattre de front les positions de l'enceinte que l'on voulait aborder. Peut-être que des batteries de bien moindre importance et d'une construction plus rapide, tirant en enfilade à revers et à dos des berges de la rive gauche, auraient produit plus d'effet. L'attaque de la rive droite, au lieu d'être entamée dès les premiers jours d'avril et d'être menée de front avec celle de face, comme le demandait le général du génie du 2º corps, ne fut entreprise que le 9 mai. Il est à craindre que cet ajournement n'ait retardé de plusieurs jours notre entrée dans Paris.

Nuit du 2 mai. — Dans la journée du 2 mai et la nuit suivante, les insurgés entretinrent de toutes leurs positions dans le village d'Issy, dans le fort, ainsi que dans les maisons situées entre ce fort et celui de Vanves, un feu terrible d'artillerie et de mousqueterie sur les positions que nous venions de conquérir. Dans le but, sans doute, de se renseigner sur la situation de nos forces dans la tranchée du chemin de fer, le drapeau parlementaire fut hissé sur le fort, et le commandant de l'ouvrage sortit lui-même pour conférer avec l'officier supérieur de service sur ce point. Mais, aussitôt qu'il eût jeté un coup d'œil dans la tranchée, il prétexta, ce qui était parfaitement faux, que c'était nous qui avions arboré le drapeau blanc, qu'il n'y avait pas besoin de parlementer, attendu qu'il était décidé à ne jamais se rendre. La conférence fut donc aussitôt rompue, et le feu de la défense reprit sur-le-champ avec une violence extrême qui faillit atteindre quelques officiers d'artillerie et du génie qui se trouvaient en dehors de la tranchée pour reconnaître l'état des escarpes et le terrain en avant. A la suite de cet incident, le général en chef défendit de sortir des tranchées quand bien même le drapeau parlementaire serait hissé, et donna aux seuls officiers d'état-major de la tranchée le droit de parlementer.

Il ne fut pas possible, en raison de l'extrême violence du feu d'organiser pendant la journée les communications dans le parc d'Issy. On se contenta d'améliorer diverses tranchées, notamment la parallèle du cimetière, d'achever l'écroulement des murs et de consolider les barricades de la place du Château.

Pendant la nuit du 2 au 3, on entama d'un côté la communication qui devait régner le long du parc et relier le château d'Issy avec les positions en arrière. On prolongea en sape double la communication située en haut du talus du chemin de fer, vue d'un côté par le fort d'Issy et de l'autre par celui de Vanves, de manière à la relier avec la parallèle du cimetière. A la droite on déboucha de la parallèle de la Voie-Verte, dans la direction de la station de Clamart; on amorça ce travail sur une longueur de 400 mètres en tranchée simple seulement, le terrain couvrant contre les vues de Vanves. Il fut très tourmenté par les feux venant des lignes de contre-approche et des maisons éparses dans le vallon. A un moment, la fusillade devint tellement vive que les travailleurs éprouvèrent un instant de panique et se retirèrent dans la parallèle en arrière.

A partir du 3 mai, le 5e corps d'armée, commandé par le général Clinchant, composé de deux divisions d'infanterie sous les ordres des généraux Duplessis et Garnier, fut appelé à concourir aux opérations du siège. Les officiers supérieurs du génie et les compagnies attachées aux divisions du 1er corps furent mis sous les ordres du général de Rivières. Les officiers de l'état-major du général Javain, commandant le génie du 5e corps, participèrent, sur leur demande, au service de tranchée.

Enfin, une deuxième compagnie de réserve (1re compagnie de mineurs du 2e régiment, capitaine Quinivet) vint accroître la réserve du génie du 2e corps. La compagnie Quinivet s'était fait remarquer dans la défense de Belfort. Elle montra également une grande vigueur dans l'attaque de Paris.

Dans la journée du 3 mai, la vivacité du feu ne permit que d'améliorer les travaux déjà faits. On parvint cependant à construire dans la tranchée du chemin de fer deux barricades successives pour arrêter les éclats des projectiles et la mitraille que le fort de Vanves ne cessait d'envoyer dans cette tranchée; mais 25 travailleurs et 3 sapeurs sont tués ou blessés.

Rien dans la contenance des insurgés ne faisait présager l'évacuation des forts; bien au contraire, leur résistance dénotait un redoublement d'énergie. Il devenait donc indispensable, pour les réduire, de nous mettre en mesure de leur couper la retraite. Les travaux des jours précédents nous avaient permis de nous établir solidement tant au château d'Issy qu'à la station de Clamart; le moment était venu de se porter en avant.

Afin de nous permettre de déboucher sans trop de difficulté de la tranchée du chemin de fer, l'artillerie venait d'augmenter ses moyens d'action contre le fort de Vanves qui allait nous gêner considérablement. Pour cela, elle organisa dans un ancien établissement prussien, à droite de la batterie n° 1, une batterie de six canons de 12 de campagne, portant le n° 12, et distante du fort de Vanves de 1800 mètres. Une batterie de six canons à balles, cotée n° 14, est installée en avant de la batterie n° 12, à 1400 mètres du même ouvrage; enfin, on désarme la batterie n° 4 et on transporte les cinq canons de 24 qui s'y trouvent dans un ancien emplacement prussien, à 2400 mètres du même fort. Cette batterie reçoit le n° 13.

La station de Clamart est située, comme nous l'avons déjà dit, au débouché même de la grande tranchée du chemin de fer. Au delà de ce point, la voie est établie sur le terrain naturel, sur une longueur de 80 mètres environ, après quoi commence un remblai franchissant le vallon qui descend de Clamart à Issy, dont le fond échappe aux vues du fort d'Issy, et qui est couvert contre le fort de Vanves par le remblai de la voie ferrée. En débouchant à niveau de la grande tranchée, dans laquelle on était abrité contre les deux ouvrages, on se trouvait tout à coup en prise à leurs feux, à 170 mètres du saillant du bastion n° 2 du fort d'Issy et à 1300 du front 3-4 de celui de Vanves. Ce passage difficile avait à peu près 80 mètres de longueur. Au delà commençait le remblai qui arrêtait les feux de Vanves, puis bientôt après la déclivité du sol mettait à l'abri des vues du fort d'Issy. Un peu plus loin se trouvait le passage voûté, sous le chemin de fer, de la route stratégique reliant ces deux ouvrages, passage donnant un abri précieux d'où on prenait des vues du côté de la gorge du fort de Vanves. Une tuilerie contiguë au passage permettait de s'établir solidement sur ce point, résultat fort important, car, de là, on prenait à dos la ligne de contre-approche d'où les insurgés faisaient un feu très vif sur le terrain en avant, ce qui nous avait empêchés jusqu'à ce moment de terminer la communication entre la parallèle de la Voie-Verte et la station de Clamart.

D'autre part, le fond du vallon était occupé par un grand parc dépendant d'une maison d'aliénés. Ce parc était entouré par un mur de clôture qui formait couvert par rapport au fort d'Issy, et qui longeait en partie la route de Clamart à Issy. Une fois logé dans le parc des aliénés, on pouvait se porter avec la plus grande facilité au-devant de nos cheminements venant d'Issy. Mais, avant tout, il fallait parvenir à traverser en sape double, sous les feux croisés d'artillerie et de mousqueterie des forts de Vanves et d'Issy, le passage à niveau dont il vient d'être question, opération des plus dangereuses et des plus difficiles. Des ordres furent donnés pour son exécution dans la nuit du 3 au 4 mai.

Nuit du 3 mai. — La colonne d'attaque, commandée par le colonel du 64e régiment de ligne, fut composée d'une compagnie de fusiliers marins et de 2 compagnies du 22e bataillon de chasseurs, ces derniers en réserve; on s'empara facilement du passage voûté en tuant ou prenant une dizaine d'insurgés. La 1re section de la compagnie Quinivet, sous les ordres du sous-lieutenant Sulfour, barricada immédiatement la voûte. On vérifia en même temps qu'au delà du chemin de Clamart, un mur de clôture qui fait face au pied du remblai et que l'on croyait avoir été détruit par les insurgés, existait encore et formait un excellent couvert contre les vues du fort d'Issy. Mais il restait à organiser une communication entre ce mur et le débouché de la tranchée. Pendant que l'on place les travailleurs sur ce point, l'ennemi sort en force de la ligne de contre-approche existant sur les glacis et s'installe dans les maisons à gauche du chemin de fer. De là, il ouvre un feu tellement intense sur le passage à niveau qu'on ne peut y tenir et qu'il faut renoncer à tout travail sur ce point. D'un autre côté, les troupes qui occupaient la voûte du passage se trouvant trop en l'air, se retirent dans le village de Clamart. Dans cette situation, le capitaine Quinivet se borna forcément à relier la barricade de la tranchée du chemin de fer avec celle établie sur le glacis du fort et qui débouche en sape double vers les bâtiments de la station. A 5 heures du matin, un retour offensif de l'ennemi qui avait pour objet de tourner la barricade du chemin de fer par le côté de la campagne, mais qui échoua, fit reconnaître la nécessité d'établir un retour à droite de la tranchée et en arrière de la barricade. Les feux du fort d'Issy et des maisons avoisinantes gênent fort cette opération et on ne peut placer que 7 gabions et en remplir 2 avec des sacs à terre; 6 mineurs sont tués ou blessés, et le lieutenant Sulfour a ses habits percés de trois balles.

A gauche des attaques, on achève pendant cette même nuit la

communication du fort d'Issy ; on organise des gradins de franchissement et des créneaux en sacs à terre dans la parallèle du cimetière ; on termine la sape double qui surmonte le talus du chemin de fer et relie le cimetière à la station de Clamart ; enfin, on pousse jusqu'aux maisons voisines du chemin de la Fourche, le boyau destiné à relier la Voie-Verte avec la station de Clamart.

Un succès brillant compensa à notre droite les mécomptes de l'attaque de Clamart. Le général Lacretelle, à la tête de 5 compagnies d'éclaireurs et de 2 bataillons du 39º régiment de marche, enleva d'assaut la redoute du Moulin-Saquet, y prit 8 pièces de canon et 300 insurgés, parmi lesquels bon nombre d'officiers, tua 150 insurgés et ramena ses prises après avoir bouleversé la redoute, que nos troupes ne devaient pas garder.

Le feu des insurgés continue à être d'une violence extrême pendant la journée du 4 mai. Aussi, à la gauche des attaques, que contrariaient trop vivement les insurgés logés dans le clocher d'Issy et dans les maisons voisines, notre marche était-elle arrêtée. On dut se borner à perfectionner et élargir la grande communication du parc et à organiser des places d'armes le long de son parcours. On élargit aussi le boyau en avant de la parallèle de la Voie-Verte. Au débouché de la grande tranchée, on cherche à pousser en avant, gabion par gabion, la communication sur le passage à niveau ; on réussit à en faire une certaine longueur ; le capitaine Mondange y est blessé par un éclat d'obus.

Nuit du 4 mai. — On ne fit que continuer pendant la nuit suivante l'amélioration des boyaux dans le parc d'Issy, sans pouvoir déboucher ni à droite ni à gauche, en raison de la grande clarté que projetait l'incendie du parc et d'une maison voisine du Point-du-Jour. A droite, après avoir poussé jusqu'à 80 mètres du chemin de fer le boyau partant de la Voie-Verte, on fut obligé par la vivacité du feu d'abandonner le travail. Quant au cheminement partant de la grande tranchée et allant vers la gare de Clamart, on dut l'interrompre pour déblayer et créneler la maison du chef de gare, et de là tirer sur les bâtiments de la station pour en déloger les insurgés. Ce travail fut inutile, car dès le matin la maison était rasée par les obus du fort d'Issy.

On ne put faire aucun travail dans la journée du 5 dans cette dernière portion des attaques. Les feux qui s'acharnaient sur tout le terrain voisin endommagèrent fortement la barricade elle-même, et la tranchée du chemin de fer fut presque impraticable pendant toute la journée. Il fallait à tout prix sortir de cette position, et on prescrivait de renouveler, pendant la nuit du 5 au 6, la tentative d'occupation du passage voûté qui n'avait pas réussi pendant celle du 3 au 4.

Nuit du 5 mai. — L'attaque fut commencée à 10 heures de soir par les fusiliers marins et le 17º bataillon de chasseurs, sous les ordres du général Paturel. A 11 heures, on était maître du passage voûté, de la tuilerie en avant, de la tête du parc des aliénés et de la maison située en face sur le côté gauche de la route stratégique. Les travailleurs, au nombre de 200, sont divisés en deux colonnes ; à la tête de la première, qui doit organiser les défenses et les communications dans le voisinage du passage voûté, se place la 2º section de la 18º compagnie du 2º régiment du génie, sous les ordres du capitaine Laurent et du lieutenant Chevreau. La deuxième colonne, qui doit travailler aux communications entre la barricade du chemin de fer et les murs de clôture de l'autre côté du passage à niveau, est précédée par la 1ʳᵉ section de la même compagnie commandée par le capitaine Kienné et le lieutenant Rangé. Tous les travailleurs sont sous les ordres du commandant de Bussy, auquel est adjoint le capitaine Lafosse. Aussitôt les positions enlevées, on met la tuilerie en état de défense ; on la relie par une gabionnade au passage voûté et au mur de clôture du parc des aliénés. Une brèche donne accès dans ce parc et permet d'en suivre le mur de clôture, que l'on crénelle jusqu'à l'autre extrémité, près d'une barricade qui intercepte la route stratégique et que l'on n'a qu'à améliorer. L'extrémité sud de ce mur est rattachée à la barricade du chemin de fer par l'autre colonne de travailleurs, au moyen d'une double gabionnade dont la pose est vivement contrariée par le feu de l'ennemi. Quatre sapeurs sont blessés sur ce point. Dès le point du jour, les forts d'Issy et de Vanves croisent leurs feux sur cette partie du travail, et forcent les travailleurs et la garde de l'évacuer et de se replier derrière la barricade du chemin de fer. Profitant de cette retraite, les insurgés sortent de la tranchée de contre-approche située sur le glacis et se rapprochent de la communication qu'ils interceptent ; en deux heures, le 35º de ligne perd 25 hommes tués ou blessés. Une section du génie, 100 travailleurs et 2 compagnies de garde qui occupent le passage voûté et le parc des aliénés, sont pour un moment complètement coupés. Quant à la compagnie d'infanterie qui s'était engagée dans le parc des aliénés et qui était commandée par le capitaine de Latour, ce ne fut que le lendemain que l'on put communiquer avec elle. Pendant ce temps-là, elle mit en état de défense, sans être inquiétée, l'extrémité du parc voisin du chemin de fer et crénela le mur de clôture ayant vue sur la route de Clamart à Issy. De son côté, le capitaine Lafosse avait tracé et fait commencer un boyau de communication pour relier la parallèle de la Voie-Verte avec la tranchée du chemin de fer.

Les insurgés postés dans la ligne de contre-approche contiguë au fort de Vanves paraissent vouloir inquiéter ce travail par une sortie. Le 2e régiment provisoire, son colonel en tête, se précipite avec la plus grande vigueur hors de la parallèle de la Voie-Verte, se jette sur les positions ennemies, en chasse les insurgés, qu'il poursuit jusque près de l'ouvrage, et leur fait éprouver des pertes sensibles. Nous nous logeons immédiatement dans la partie de la communication que le relief du terrain couvre contre les vues du fort de Vanves, et dont le déblai a été déposé en partie du côté du revers. Mais nous payons cher ce succès; le capitaine du génie Lafosse, en allant reconnaître une maison d'où l'on pouvait inquiéter ce travail, est mortellement blessé par une balle dans le bas-ventre. Le lieutenant-colonel Leperche, major de tranchée, est frappé dans la tranchée même par un éclat d'obus. On s'occupe immédiatement de relier à la parallèle de la Voie-Verte la lunette qui est au centre de la tranchée des insurgés, car c'est par là qu'en cas de besoin urgent nos soldats bloqués dans le parc des aliénés pourraient se replier sur nous.

A l'attaque de gauche, on perfectionne les communications et on se prépare à déboucher de la place du Château pour cheminer dans les maisons du village vers l'église, où les insurgés, postés dans le clocher, entretiennent un feu très vif sur le parc. Le moment est venu, d'ailleurs, de marcher au devant de nos établissements dans le parc des aliénés, pour couper tout moyen de retraite à la garnison.

Trois chemins conduisent du fort à Paris. En premier lieu, en sortant de l'ouvrage, on peut, en prenant sur la droite, aller trouver la route de Clamart à Issy et descendre, en la suivant, la grande rue du village, laquelle aboutit à la porte de Vaugirard. Cette route, qui traverse la voie ferrée au passage à niveau, longe un peu plus loin, avant d'arriver à Vanves, un enclos voisin du parc des aliénés, et laisse sur sa gauche la rue de Chevreuse, par laquelle on descend sur la place de l'Église.

En second lieu, en se dirigeant droit sur Issy, à la sortie du fort, on rejoint directement la grande rue par la rue du Fort et la rue du Château. Ce chemin longe les vergers dépendant du parc, dans lesquels nous étions déjà logés.

En troisième lieu, on peut, en s'engageant également dans la rue du Fort, prendre, avant d'arriver en vue des Noyers, une ruelle appelée le chemin des Morts, emprunter ensuite l'extrémité de la rue de Chevreuse, puis suivre la rue de la Glaisière qui va rejoindre également la grande rue.

Une fois maîtres du parc d'Issy, on coupait la seconde communication; pour maîtriser la première, il était nécessaire de prendre pied dans l'enclos voisin du parc des aliénés; quant à la troisième, on ne pouvait l'intercepter qu'en cheminant à travers les maisons du village et de la place de l'Église, jusqu'à hauteur de la rue de Chevreuse. Tous nos efforts allaient être dirigés dans ce sens.

Le 6 mai, le feu de l'ennemi sur nos attaques de gauche est le même que les jours précédents. On améliore et on traverse la grande communication. Enfin, on prépare une rampe pour déboucher directement du parc sur la route de Versailles, car on prévoit qu'une fois le fort pris, il faudra attaquer la partie d'enceinte située en arrière de cet ouvrage, et, pour cela, prendre possession de la partie basse du village.

Nuit du 6 mai. — A la nuit, on pénètre dans les maisons du village, à droite et à gauche de la rue conduisant de la place du Château à l'église. On avance de 100 mètres dans cette direction.

A droite, on perfectionne le passage dont la possession nous a causé tant de peines. On rehausse d'un mètre la grande barricade en tête de la tranchée, pour en faire une traverse qui arrête les coups d'écharpe qui ont fait beaucoup de mal dans les jours précédents; on en construit une seconde en avant que l'on organise défensivement.

La communication entamée entre la Voie-Verte et le redan de contre-approche est achevée. On barricade le chemin de la Fourche à Clamart, à l'endroit où le boyau qui doit relier la Voie-Verte au passage voûté du chemin de fer touche cette route, et on détache de ce point une petite tranchée pour aller couronner sur la droite d'une plate-forme la carrière d'où l'on domine le terrain en avant. On est préoccupé, d'ailleurs, de s'éclairer sur le parti que l'on pourrait tirer des communications souterraines entre Vanves et Paris. MM. Descos et Lévy, ingénieurs des mines, chargés pendant le blocus de Paris du service des carrières et des communications souterraines de la place avec les forts, espèrent trouver dans les carrières, soit du côté de Clamart, soit du côté de Châtillon, un puits qui permette de s'introduire dans les vides existants sous le fort de Vanves et de surprendre l'ouvrage.

Nuit du 7 mai. — Le succès des cheminements dans les maisons du village d'Issy, en direction de l'église, nous invite à entreprendre sans plus tarder nos débouchés vers la partie basse du village. On s'engage de la place du Château dans les maisons situées le long de la rue des Noyers, pour aller déborder la barricade existant à l'angle de la rue de la Fontaine et qui tombe entre nos mains. On couvre en même temps cette occupation contre un mouvement tournant vers la gauche, en descendant du parc d'Issy sur la route de Versailles que l'on coupe par une forte barricade.

On continue à droite les boyaux destinés à assurer les débouchés de nos attaques.

Celui qui débouche de la Voie-Verte vers le passage voûté et la tuilerie est prolongé jusqu'à une soixantaine de mètres de ce point. On y ménage, dans l'alignement des chemins couverts du front d'attaque 3-4, un emplacement pour une batterie, au cas où l'on se déciderait à les couronner. Enfin, au parc des aliénés, on s'étend jusqu'à Vanves et on englobe dans notre occupation une maison et un enclos situés de l'autre côté du petit chemin qui longe le parc ; cet enclos borde la route de Clamart à Issy. On en crénelle les murs, et l'on intercepte ainsi cette communication, la principale et la plus suivie des trois dont il a été question ci-dessus. Tous les insurgés qui s'aventurent pendant le jour dans cette direction sont tués. Il ne reste donc plus à ce moment aux insurgés qu'un seul passage libre pour sortir du fort, celui qui suit la rue du Fort, le chemin des Morts, la rue de Chevreuse et la rue de la Glaisière. Pour achever de les démoraliser, on juge opportun de les soumettre, en outre, à une action violente d'artillerie. Il est possible, d'ailleurs, que la résistance venant à continuer après que la retraite aura été coupée aux insurgés, on doive en venir à une attaque de vive force. Dans cette hypothèse, la violente canonnade que l'on va engager doit évidemment augmenter de beaucoup les heureuses chances d'un assaut, soit en démantelant les flancs et les défenses extérieures, soit en achevant de rendre praticable la brèche qui commençait à se produire dans la courtine 2-3. Le tableau ci-après donne le détail des batteries en action à ce moment du siège.

TABLEAU N° 2.

NUMÉROS et désignation.	EMPLACEMENT.	NATURE DE L'ARMEMENT.						DESTINATION.	DATES		OBSERVATIONS.
		24 court.	24 rayé de p.	12 r. de siège.	12 r. de camp.	7 rayé.	Mortiers de 22.	Mitrailleuses.		de l'ouverture du feu.	de la cessation du feu.	
1	Plateau de Châtillon, armement primitif.	»	»	4	»	»	»	»	Contrebattre le fort de Vanves.	8 avril.	14 mai.	
2	Idem.	»	»	4	»	»	»	»	Idem.	8 avril.	14 mai.	
3 de la Sablonnière	Près la Tour-aux-Anglais.	»	3	»	»	»	»	»	Contrebattre le fort d'Issy.	25 avril.	9 mai.	
4	A gauche de la porte de Châtillon.	»	»	»	»	»	»	»	....	»	»	Désarmée le 5 mai.
5	Plateau de Châtillon.	»	»	»	»	»	»	»		»	»	Idem.
6 du Moulin-de-Pierre.	Au Moulin-de-Pierre.	2	»	2	»	»	»	2	Battre en brèche la courtine 2-3 du fort d'Issy et les abords du front 3-4.	25 avril.	14 mai.	Tire sur Vanves à partir du 9 mai.
7	Entre Châtillon et Bagneux.	»	»	»	6	»	»	»	Contreb. le fort de Montrouge.	25 avril.	24 mai.	
8 des Chalets	Près des Chalets.	4	»	2	»	»	»	»	Tir direct et plongeant sur le front et les chemins couverts; aider à ouvrir la brèche de la courtine 2-3; contrebattre le fort d'Issy et le Point-du-Jour (4 pièces).	28 avril.	8 mai.	
8'	Terrasse de Meudon.	»	4	8	»	»	»	»				
8"	Station de Meudon.	»	»	»	»	3	»	»				
9	Parc d'Issy.	»	»	»	»	»	»	»	Battre le village d'Issy.	1er mai.	1er mai.	Pour mémoire; n'a tiré que le 1er mai.
10	Carrière des Moulineaux.	5	»	»	»	»	»	»	Battre l'enceinte; prendre à revers les bastions 66, 65, 64, 63, 62.	5 mai.	21 mai.	
11	Idem.	»	»	»	»	»	4	»	Bombard. l'entr. du fort d'Issy.	2 mai.	9 mai.	
12	Plateau de Châtillon, à droite du n° 1.	»	»	»	6	»	»	»	Battre le fort de Vanves.	7 mai.	14 mai.	
13	Id., près la porte de Châtillon.	5	»	»	»	»	»	»	Idem.	7 mai.	16 mai	
14	Plateau de Châtillon, en avant de la batterie n° 12.	»	»	»	»	»	»	6	Idem.			
		16	7	20	12	3	4	8				

En résumé, au moment de la canonnade du 8 mai, l'artillerie du 2ᵉ corps avait en ligne.

Contre le fort d'Issy,
6 batteries armées de :
13 canons de 24 rayé,
12 canons de 12 rayé,
3 canons de 7,
4 mortiers,
} 32 bouches à feu.

Contre le fort de Vanves,
5 batteries armées de :
5 canons de 24 rayé,
8 canons de 12 rayé de siège,
6 canons de 12 rayé de camp.,
6 mitrailleuses.
} 19 bouches à feu, plus 6 mitrailleuses.

Contre le fort de Montrouge,
1 batterie armée de 6 canons de 12 de campagne.
} 6 bouches à feu.

Contre l'enceinte,
1 batterie armée de 5 canons de 24.
} 5 bouches à feu.

Soit en totalité..... 62 bouches à feu.

L'ouverture du feu avait été fixée au 8 mai; elle devait coïncider avec celle de la grande batterie de Montretout. Son effet fut immédiat. L'artillerie des insurgés fut réduite au silence, tant au fort d'Issy qu'à celui de Vanves; tout faisait présager que nous allions précipiter le dénouement en coupant toute communication entre le fort et la place. Malheureusement ce grand feu d'artillerie contraria nos travaux, car des éclats d'obus dépassant le but, pouvaient atteindre les hommes; nos cheminements durent même être suspendus, tant dans le village d'Issy qu'aux abords du fort, où nous cherchions à serrer les saillants de front d'attaque d'aussi près que possible pour le cas d'un assaut. Le tir ayant été bientôt réglé d'une manière précise, le travail put être repris vers le soir.

Nuit du 8 mai. — En continuant à cheminer méthodiquement dans les maisons, le capitaine Badère parvint à atteindre, à 8 heures du soir, la place de l'Église qu'il barricada. A 7 heures du matin, on occupait l'église, la rue de Chevreuse presque jusqu'au cimetière, la rue de la Glaisière jusques et y compris la Solitude. Enfin, dans la rue de l'Église, on tenait de chaque côté deux ou trois maisons en avant de la barricade. La dernière communication qui restait aux insurgés était donc enfin coupée.

Pendant cette même nuit, le commandant Faugeron ouvrit sans coup férir une parallèle d'une longueur d'environ 350 mètres, serrant de près le saillant du bastion 3 et joignant le boyau en avant du cimetière avec la tranchée du chemin de fer. Cette quatrième parallèle était destinée à être élargie et à servir, en cas de besoin, de place d'armes pour les troupes chargées de donner l'assaut. Enfin, à la droite, on termina le boyau allant de la Voie-Verte au chemin de fer et on lui rattacha le redan de la contre-approche.

Le 9 au matin, il n'y avait plus à Issy qu'à relier l'occupation de l'église avec celle de l'enclos situé en avant du parc des aliénés, en suivant le côté ouest de la rue de Chevreuse, pour envelopper complètement le fort. On s'occupa immédiatement d'organiser définitivement les maisons de cette rue pour résister au besoin à un retour offensif des insurgés.

Vers 8 h. 1/2, on crut s'apercevoir que le fort était évacué; le commandant Barillon, avec une section de la 17e compagnie du 3e régiment du génie, y pénétra en même temps que des troupes d'infanterie et les sapeurs, malgré le feu très vif de notre artillerie, qui ne fut arrêté que lorsqu'elle eut connaissance de l'entrée de nos troupes dans le fort.

Ainsi tomba le fort d'Issy, au bout de treize jours d'attaques.

On interrompt aussitôt tous les cheminements dirigés contre cet ouvrage et on emploie les travailleurs à faire une tranchée reliant le chemin couvert avec le parc d'Issy, pendant que les sapeurs s'occupent de rechercher les torpilles et fourneaux de mine. Ces recherches n'amènent à aucun résultat; rien de pareil n'avait été préparé par les insurgés.

Le général de Cissey vint visiter le fort dans l'après-midi; il constata les ravages effrayants causés par l'artillerie. La plupart des casemates étaient crevées du côté de l'escarpe, les terrassements bouleversés, les pièces mises hors de service, les bâtiments ruinés complètement; une brèche un peu étroite au sommet, mais très praticable, avait été ouverte par le canon du Moulin-de-Pierre et des Chalets; les palissades étaient rompues sur plusieurs points, ainsi que les abatis, mais les réduits en palanque des places d'armes rentrantes étaient encore intacts, et, ainsi que cela va sans dire, les contrescarpes. Aussi dut-on se féliciter, en voyant l'état encore fort respectable des défenses, de n'avoir pas essayé de donner l'assaut.

L'ouverture de la brèche au moyen du tir plongeant demande quelques détails, que nous extrayons du rapport du général de Berckheim.

La brèche a environ 2 mètres de largeur à l'étranglement de la magistrale et 12 mètres à la base. Elle a été exécutée, à la distance de 1,100 mètres, par 3 bouches à feu (2 canons de 24 courts et 1 canon de 12 rayé de siège), tirant sous des angles de 20° et 17° à la charge de 624 grammes pour le 24 et 310 grammes pour le 12.

Les 2 canons de 24 ont tiré chacun 120 coups, soit   420 coups,
et le canon de 12...................................   145 —
                                                                           565 coups.

L'ouverture de la brèche a été facilitée par l'action des pièces de la batterie n° 8, qui, bien qu'ayant des vues obliques sur le point battu, n'en ont pas moins contribué à faire ébouler des terres du parapet. Cette batterie a tiré de plein fouet......................................   480 coups de 24
et..   970 coups de 12.
                                                                        1,450 coups.

On constate que les escarpes avec voûtes en décharge présentent de grandes difficultés pour la confection de la brèche; la poussée des terres n'existant pas, le choc seul des projectiles peut produire l'écroulement des matériaux; de plus, une fois le mur de face crevé, une partie des terres coule en dedans de ce mur et le talus extérieur est plus long à se former. Il faut enfin tirer avec une précision extrême pour couper les pieds-droits des voûtes.

Une circonstance particulière avait favorisé la confection de la brèche : l'escarpe avait été déjà très endommagée par les Prussiens; quelques réparations avaient été faites, mais elles n'avaient pu remettre les choses dans leur état primitif.

Quoi qu'il en soit, il demeure acquis qu'on peut, entre 1,000 et 1,200 mètres, faire une brèche praticable avec des canons de 24 courts exécutant un tir plongeant. Le travail peut être mené rapidement à bonne fin, sans qu'il soit possible de vérifier les points de chute et rectifier le tir.

Nuit du 9 mai. — Le fort Issy tombé en notre possession, il était permis d'espérer avoir en peu de jours raison du fort de Vanves, en concentrant sur cet ouvrage tous nos moyens d'action et en brusquant les attaques d'une façon encore plus marquée, tout en suivant une marche analogue à celle qui venait de nous réussir si bien, c'est-à-dire en cheminant de manière à isoler le fort de la place.

La première chose à faire était de constituer une base solide pour cette nouvelle attaque en réunissant, par une parallèle faisant face au front de tête de l'ouvrage, la redoute de la contre-approche à la tête des défenses du village de Châtillon. Cette opération fut exécutée le soir même. La communication entre la Voie-Verte et le passage voûté observait le front 3-4. Il restait encore à isoler le front 1-2 et la gorge. On résolut, à cet effet, de se porter hardiment, par un cheminement tout à fait en pointe, jusqu'à la croisée de la route de Châtillon à Paris et du chemin stratégique, débordant ainsi parallèlement au front 1-2 la gorge de l'ouvrage ; cela fait, d'ouvrir une sape double entre la place et le front de gorge, de manière à couper toute retraite à la garnison. Vu le moral des insurgés, il n'était pas douteux qu'au moment où cette opération serait sur le point d'aboutir, ils évacueraient le fort. Tel fut le plan d'attaque conçu pour se rendre maître du fort de Vanves, et, cette fois encore, le succès vint justifier ces prévisions.

En même temps que l'on reliait le redan de la contre-approche avec Châtillon, on se décidait à déboucher en arrière du front de gorge, en prenant appui sur le chemin de fer. Le moyen le plus simple consistait à sortir du parc des aliénés par l'extrémité la plus éloignée du passage voûté dont la prise nous avait coûté tant d'efforts, et à suivre un chemin creux aboutissant à un passage à niveau de la voie ferrée. La forme du terrain en ce point se prêtait assez bien à l'organisation d'une petite place d'armes destinée à servir de point de départ pour la tranchée projetée. On eut un moment l'espoir que l'ennemi avait déjà évacué le fort; mais une reconnaissance hardie poussée par le commandant Pleuvier jusqu'aux chemins couverts du fort, constata que l'ennemi était sur ses gardes et en force derrière le rempart. On procéda, d'ailleurs sans difficulté, à la construction de la place d'armes.

A la gauche des attaques, la nuit se passa à occuper la barricade de la rue de la Fontaine et à cheminer par le côté droit de la Grande-Rue jusqu'en face du couvent des Oiseaux que les insurgés occupent en force.

Nuit du 10 mai. — Le travail continua dans le même ordre d'idées pendant la journée du 10 mai et la nuit suivante. On avance lentement du côté d'Issy, on s'installe dans le pâté de maisons qui est séparé du couvent des Oiseaux par la grande rue d'Issy.

Cependant le 4e corps, commandé par le général Douay, avait ouvert la tranchée devant les fronts du bois de Boulogne et refoulé l'ennemi de la plaine. Le moment était donc venu pour nous d'occuper la plaine entre les Moulineaux, Issy et la Seine, sans crainte d'être pris à revers de l'autre rive. Il était urgent, d'ailleurs, d'éloigner les canonnières, dont le feu bien dirigé tourmentait nos batteries des carrières et désolait les villages du val. L'artillerie se décida à établir une batterie de 3 pièces de 12 de siège dans l'île de Saint-Germain, pour les forcer à s'éloigner du viaduc du Point-du-Jour, derrière lequel elles trouvaient un refuge; il fallait, pour armer cette batterie, jeter un pont sur le petit bras de la Seine. Le commandant Varaigne parvint à réunir un nombre de bateaux suffisant et tous les bois nécessaires pour constituer le tablier; il fit commencer ce pont dans la matinée du 9. Le lendemain matin à 3 heures, l'artillerie y faisait passer ses pièces.

A l'attaque de droite, on commença la série des opérations qui devaient nous rendre maîtres de la croisée des chemins entre Vanves et Montrouge, pour de là déborder la gorge du fort. On enlève la ferme Bonnamy, dont il a été déjà question et qui est située à mi-chemin; on l'organise défensivement et on la relie avec la barricade de tête de Châtillon par une communication, pour la plus grande partie en sape double, dont le tracé suit la route de Paris. Vers 5 heures du matin, après une fusillade assez vive partie de nos tranchées et à laquelle l'ennemi n'avait pas répondu, 200 travailleurs se portent spontanément, mais en désordre, vers le fort, où ils sont accueillis aux abords de la porte par un feu intense. Le commandant Fauvel voyant ce mouvement s'était mis en mesure de l'appuyer avec une section de sapeurs; un de ces sapeurs fut tué et un autre blessé pendant cette petite action.

Un peu plus tard, le capitaine de Prez-Crassier, de service à la place d'armes du passage à niveau, va de son côté avec une petite escorte reconnaître la porte; le pont-levis était baissé. Cet officier rend compte de ce fait et signale la possibilité de tenter de surprendre l'ouvrage. Mais sur l'avis que les insurgés se disposaient à évacuer et à faire sauter le fort, on ne crut pas devoir autoriser ce coup de main.

Pendant que ces choses se passaient devant le fort de Vanves, le général Osmont, commandant la 1re brigade de la division Le Vassor-Sorval, enlevait les barricades établies par les insurgés sur la route de Paris en avant de Bourg-la-Reine. Le colonel Boulanger, du 4e de ligne, avec 5 compagnies de son régiment, tuait ou faisait prisonniers 150 insurgés et s'emparait de beaucoup d'armes et de munitions.

Nuit du 11 mai. — La journée du 11 et la nuit du 11 au 12 mai se passèrent sans progrès bien notables. A Issy, on avançait toujours, mais lentement, vers le couvent des Oiseaux. Le lieutenant Courtin, de la compagnie Belfort, alla, revêtu d'habits bourgeois, jusque derrière les barricades, pour reconnaître les positions. Les insurgés, postés derrière leurs barricades et dans le couvent des Oiseaux, entretenaient un feu d'une violence extrême. Il n'y avait pas moyen d'approcher assez des bâtiments qu'ils occupaient pour faire usage de poudre ou de dynamite. On parvient cependant, sous la direction du capitaine Perboyre, en hissant un obusier au troisième étage d'une maison la rue du Château ayant vue sur la barricade qui traverse la rue contiguë au couvent des Oiseaux, à chasser les insurgés qui la défendaient. De l'autre côté du village, on rectifie la ligne de notre occupation en se logeant dans les maisons situées en avant de l'église, de manière à commander les terrains découverts qu descendent vers la route d'Issy à Clamart.

Vers la gorge du fort de Vanves, on développait les cheminements prenant appui sur le chemin de fer, de façon à arriver à voir de mieux en mieux les communications du fort. A Châtillon, enfin, on se portait à 350 mètres en avant de la ferme Bonnamy et on organisait solidement les maisons et les enclos que l'on traversait, et on barricadait les chemins aboutissant du côté de Montrouge à la route de Châtillon à Paris.

Nos cheminements étaient soutenus avec la plus grande vigueur par l'artillerie ; la prise du fort d'Issy rendant disponibles les batteries uniquement dirigées contre ce fort, les pièces qui les armaient reçurent sur le champ une autre destination. La Sablonnière fut désarmée et ses trois pièces de 24 reportées dans le fort d'Issy.

Vanves devient dès le 10 au soir l'objectif de 36 bouches à feu, savoir :

7 canons de 24 (2 de la batterie n° 6, 5 de la batterie n° 13);
19 canons de 12 de siège (8 des n°s 1 et 2, 6 du n° 12, 2 du n° 6, 3 du fort d'Issy);
2 mortiers de 22 ;
6 mitrailleuses du n° 14.

La batterie n° 7 continue son tir contre Montrouge. Le matériel demeurant disponible va être dirigé contre le Point-du-Jour et les canonnières, et est réparti dans trois nouvelles batteries. La 1re, n° 15, armée de 6 canons de 24 courts, est organisée dans le bastion 4 du fort d'Issy, avec mission de tirer sur les canonnières et de prendre à revers les bastions 65, 64, 63, 62 de l'enceinte du Point-du-Jour. La 2e, n° 16, de 8 canons de 24, installée en avant du Val sur la crête qui domine la Seine, dirige 2 pièces contre les canonnières; le reste agit contre l'enceinte.

Enfin, 4 pièces établies dans l'île de Billancourt (n° 17), derrière le chemin qui la traverse, sont uniquement destinées à tirer sur les canonnières.

Le tableau ci-après résume ces indications.

TABLEAU N° 3.

NUMÉROS et désignation.	EMPLACEMENTS.	ARMEMENT.				DESTINATION.	DATES	
		24 long.	24 court.	12 de siège.	Mortiers.		de l'ouverture du feu.	de la cessation du feu.
15	Face gauche du bastion 4 du fort d'Issy.	»	6	»	»	Battre à revers l'enceinte et contrebattre le Point-du-Jour.	12 mai.	24 mai.
16	Sur les pentes du parc d'Issy, derrière les déblais de la route de Billancourt.	8	»	»	»	Idem.	12 mai.	24 mai.
17	Dans la tranchée devant Vanves.	»	»	»	2	Envoyer des bombes dans le fort de Vanves.	13 mai.	14 mai.
18	Derrière le chantier du pont, en face de l'île de Billancourt.	»	»	3	»	Contre les canonnières.	13 mai.	24 mai.
		8	6	3	2			

L'artillerie du fort de Vanves n'était pas en état de résister à une semblable attaque. Son feu, qui n'avait jamais été bien vif, avait repris un peu d'énergie après la chute du fort d'Issy et cherchait à inquiéter notre établissement dans cet ouvrage. Mais on a bientôt raison de cet effort et un tir par salves le réduit au silence toutes les fois qu'il veut rentrer en action.

La journée du 12 mai fut des plus heureuses pour nos opérations. A droite, le commandant Faugeron s'emparait de la croisée des routes vers 11 heures du matin, et en organisait immédiatement la défense, malgré les obus que les insurgés, logés dans une carrière située entre le carrefour et l'enceinte, envoyaient sur le travail. Pendant la nuit, cette occupation fut reliée par une sape double avec celle de l'îlot en arrière, et des barricades furent amorcées sur tous les chemins aboutissant au carrefour.

A Issy, on commença par s'emparer du pâté de maisons occupant l'angle de la Grande-Rue et de la rue de Paris. Pour préparer cette opération, le sous-lieutenant Sulfour, de la compagnie Quinivet, et le capitaine Noirtet, du 46ᵉ de ligne, revêtus d'habits de paysans, pénètrent dans la position occupée par les insurgés ; ils reviennent après avoir pris tous les renseignements nécessaires. A la tête de 8 mineurs, de 15 auxiliaires d'infanterie et de 50 hommes du 46ᵉ, le sous-lieutenant Sulfour s'élance sur les positions ennemies. Une compagnie de soutien l'accompagne. On commence par lancer par les fenêtres des grenades chargées en picrate de potasse ; on profite de la stupeur que cause leur explosion pour renverser avec de la dynamite un pan de mur ; le lieutenant du génie se précipite le revolver au poing dans la maison. Les cloisons qui barrent le passage sont successivement percées, pendant que l'infanterie lutte avec les insurgés et les passe par les armes. Au bout d'une demi-heure, on était maître de tout le pâté de maisons ; les insurgés évacuaient la barricade de la rue de Paris et se retranchaient dans le couvent des Oiseaux. La colonne lancée continue le mouvement si bien commencé. Le capitaine Quinivet la rejoint avec tous les hommes disponibles, y compris ceux qui occupaient la barricade de la rue du Château et les travailleurs qui se trouvaient dans le parc. Après une lutte acharnée, on reste maître du couvent et du grand parc des Oiseaux. On y recueille 5 bouches à feu, 3 fanions et une grande quantité d'armes. On ne s'arrêta pas là. Un bataillon du 38ᵉ, envoyé comme renfort, profite du désarroi de l'ennemi pour s'emparer du séminaire en tournant la barricade de la Grande-Rue.

Nuit du 12 mai. — Pendant la nuit, la compagnie de mineurs vint seule au travail. En exécution des ordres du maréchal, la 1re et la 3e division prirent les armes pour se joindre aux troupes de la rive droite, auxquelles des intelligences devaient ouvrir les portes de Paris. Mais ce mouvement avorta encore une fois.

Le petit nombre de travailleurs ne permit, pendant cette nuit, que de construire les barricades nécessaires pour consolider notre occupation. Le brillant succès de la veille avait jeté une profonde panique dans les rangs des défenseurs, et dans la nuit ils évacuent la magnifique position du lycée de Vanves, où nos troupes s'établirent dans la matinée du 13, après un léger engagement avec l'arrière-garde des insurgés. Le lycée de Vanves occupe le sommet d'un petit contrefort distinct, qui se détache du plateau des forts et court parallèlement à l'enceinte. Un vallon profond le sépare du village d'Issy. Au fond de ce vallon, la route de Clamart vient rejoindre celle de Versailles. Une sorte de ravin, dans lequel s'ouvrent de nombreuses carrières, occupe le versant opposé, du côté de Paris. Du haut de ce contrefort, on prend tout à fait à dos l'enceinte de la rive droite et le viaduc du Point-du-Jour. Nous allons trouver là une base excellente pour entamer l'attaque de l'enceinte, car les difficultés que rencontrent les attaques de la rive droite vont exiger que nous cherchions à pénétrer, de notre côté, dans la place. C'est surtout à ce moment que l'on voit combien, au lieu de s'attaquer aux fronts en ligne droite du bois de Boulogne et à chercher à pénétrer dans la place par les grandes trouées des portes du parc, il eût été préférable d'envelopper par des cheminements le Point-du-Jour, sans s'inquiéter du mur crénelé du viaduc, qu'il eût été si facile de ruiner de loin et que l'occupation de la position du lycée eût d'ailleurs fait tomber, si la défense avait voulu y tenir après la prise de l'enceinte en avant.

L'occupation du lycée n'est pas le seul résultat du combat de la veille; on trouve aussi évacué le grand établissement connu sous le nom d'Hospice des Ménages et qui est situé entre les routes aboutissant aux portes de Versailles et d'Issy. Nous nous y logeons immédiatement, et, sans perdre un moment, on organise la défense des positions conquises. On barricade les avenues du lycée et on amorce une tranchée le long du mur de clôture qui fait face à la place, et que les obus ennemis commençaient à démolir. Enfin, on ouvre dans la plaine une nouvelle parallèle pour la barrer solidement et empêcher tout retour par la porte de Sèvres et du Bas-Meudon.

Nuit du 13 mai. — La prise du lycée, qui menace toutes les communications du fort de Vanves, a dû jeter la démoralisation dans la garnison de cet ouvrage; on veut en profiter la nuit prochaine pour donner l'assaut et en finir. Les échelles sont apportées dans la tranchée; mais, par suite de malentendus, la nuit s'écoule sans que l'on entame l'action. Tout en comptant sur le succès de l'assaut, on avait débouché à droite du carrefour de la croisée des chemins, en se dirigeant vers la place d'armes du chemin de fer dont il a été question ci-dessus, de manière à intercepter les communications du fort.

Comme d'ailleurs la chute de cet ouvrage paraît tout à fait imminente, on se dispose à attaquer sans perdre un moment l'enceinte elle-même.

Du haut de la colline que couronnent les grands bâtiments du lycée, l'enceinte se développe à nos yeux depuis le Point-du-Jour jusqu'à l'entrée du chemin de fer dans la place. Ainsi que nous l'avons dit, de l'autre côté de la Seine on aperçoit non seulement à dos toutes les défenses du Point-du-Jour, mais, en outre, la vue plonge derrière le viaduc qui joue le rôle de retranchement par rapport à cette portion de l'enceinte, qui paraît d'ailleurs complètement abandonnée. Sur notre rive s'étendent dans la plaine les fronts des portes du Bas-Meudon, de Sèvres, d'Issy et de Versailles. A partir de cette dernière porte, le terrain et l'enceinte se relèvent jusqu'au niveau des plateaux des forts. Faudra-t-il se diriger vers la partie basse de la fortification, quoiqu'elle soit placée dans un rentrant, ou, en suivant une marche plus régulière, aborder la partie élevée de la fortification qui s'étend à notre droite? Telle est la question à résoudre.

Au premier abord, il paraît plus naturel d'attaquer la partie de l'enceinte comprise entre les portes de Versailles et de Vanves, en appuyant la droite de ces cheminements au remblai du chemin de fer. Des carrières situées en avant du lycée faciliteront singulièrement nos approches; mais l'escarpe des fronts que nous allons aborder est bien couverte, et c'est à peine si, du coteau du lycée, on en aperçoit 50 centimètres au-dessous de la magistrale. Le tir sera donc incertain, et la brèche très longue à ouvrir à distance. Il faudra donc aller loger ses batteries de brèche sur la contrescarpe. De plus, les fronts auxquels nous allons avoir affaire sont très fortement armés. Enfin, nous devons nous attendre à trouver, en arrière, des retranchements préparés à l'avance et les rues barricadées. Si, du haut du lycée, la vue se dirige, au contraire, vers la partie basse de l'enceinte, entre la porte de Versailles et la Seine, les escarpes se présentent tout à fait à découvert, notamment le flanc droit des fronts de Sèvres, (69-70) et d'Issy (70-71) et les deux courtines de ces fronts, la première sur 6 mètres de hauteur. De plus, les portes de Sèvres et d'Issy sont vues jusqu'au seuil. Rien ne sera donc plus facile, du coteau du lycée, de faire tomber le pont-levis de la porte de Sèvres et de démolir le mur en maçonnerie qui bouche la porte d'Issy. Le rentrant dans lequel le Point-du-Jour place cette partie de la fortification a dû faire croire aux insurgés qu'elle échapperait à nos attaques, et sans aucun doute ils n'ont dû préparer de ce côté aucun retranchement sérieux. Comme nous venons de le dire, l'enceinte du Point-du-Jour est complètement intenable et paraît abandonnée. L'action du saillant est donc par le fait mieux annulée et ne vient plus en aide aux fronts voisins de la rive gauche, qui tiraient de sa protection une grande partie de leur valeur.

Dans la plaine qui nous sépare de ces fronts, le sol est formé par une argile douce, véritable terre à couches, où les travailleurs pourront rapidement s'abriter, tandis qu'à la droite du lycée, le rocher qui forme le sous-sol est à peine recouvert par 50 centimètres de terre. Le village d'Issy, qui s'avance jusqu'à 250 mètres de l'enceinte, nous servira de base pour de nouveaux cheminements que la masse de ses constructions couvrira contre les vues de l'enceinte, et qui nous amèneront rapidement tout près de la place. De plus, la plaine est parsemée d'une série de maisons et de murs de clôture, dont on pourra tirer parti pour soustraire nos cheminements les plus rapprochés aux enfilades de la place, ce qui nous permettra, avec un peu d'industrie, d'aboutir les brèches sans avoir à nous découvrir par trop. Enfin, d'après des renseignements qui paraissent dignes de foi, l'abaissement du barrage de Sèvres a réduit la profondeur de l'eau dans les fonds à quelques centimètres. Tout bien examiné, on se prononce pour l'attaque par fronts de la plaine, et l'artillerie se met aussitôt en mesure de disposer contre cette partie de l'enceinte le matériel encore disponible au grand parc, les bouches à feu occupées en ce moment à réduire le fort de Vanves, ainsi que celles que nous espérions trouver dans cet ouvrage ; il fallait, en outre, continuer à contrebattre Montrouge et maîtriser le cours de la Seine pour en écarter les canonnières. Le fort de Montrouge pouvant inquiéter nos attaques contre l'enceinte, on juge utile de renforcer par une nouvelle batterie la batterie n° 7, occupée jusqu'à présent à contrebattre le fort de Montrouge ; cette batterie, cotée n° 27, est construite en avant du village de Bagneux sur la route de Cachan; elle est armée de 5 pièces de 12 rayées de siège et de 2 mitrailleuses, qui, jointes aux 6 bouches à feu de la batterie n° 7, donnent un total de 13 bouches à feu dirigées contre cet ouvrage.

Les batteries n° 10 et 16 enfilant le Point-du-Jour sont réduites
la première . . . . à 3 pièces de 24 long,
la seconde. . . . . à 6 — —
l'armement de la batterie n° 15 dans le fort d'Issy est également réduite à 3 — —
Enfin, pour parer à un retour offensif possible des canonnières, on conserve la batterie n° 18 derrière la chaussée du chemin de Billancourt dans l'île de Saint-Germain, armée de . . . . . 1 pièce r. de 12 de s.
et de . . . . 1 pièce de 7.
Total, 14 bouches à feu.

L'armement dirigé contre l'enceinte comprend 2 batteries de brèche, 6 contrebatteries et 2 batteries de mortiers.

Batteries de brèche. — Une première batterie, cotée 19, armée de 4 pièces de 24 court et de 2 pièces de 12 rayées de siège, est établie sur le chemin de halage en avant de la pointe de l'île de Billancourt, pour percer le mur de masque d'une grande arche du viaduc sur l'autre rive.

Une seconde batterie, cotée 22, est installée près de la chapelle du lycée ; elle est destinée à faire brèche au flanc gauche du bastion 69 du front de la porte de Sèvres et rompre cette porte et celle d'Issy; elle est armée de 6 pièces de 24 court.

Contrebatteries. — On dispose dans le parc du couvent, hors des vues de la place, une batterie, n° 20, armée de 6 pièces de 12 de siège, destinée à contrebattre les bastions 68, 69, 70 et à aider à la brèche de la porte de Sèvres.

Sur le plateau du lycée et à droite des bâtiments se développe une batterie de 8 pièces, cotée 23, savoir 2 pièces de 24 court et 6 pièces de 12 de siège, qui contrebattent les bastions 73, 74, 75;

elle sera soutenue, après la prise du fort de Vanves, par les feux de la batterie n° 26 que l'on se propose de placer sur le front de gorge, et dont l'armement se composera de 2 mortiers de 32, 4 pièces de 24 long, 3 pièces de 7, 6 pièces de 12 de siège.

La batterie n° 25, dans le bastion d'Issy, aidera à la confection des brèches et à contrebattre l'enceinte. On compte également en placer une sur le glacis du fort de Vanves; elle sera armée de 4 pièces de 12 de siège, 6 pièces de 24 long, et dans le même but que la batterie 26, une batterie cotée 26 *bis* de 8 pièces de 12 de siège. On prépare en outre dans le parc d'Issy une batterie n° 28 de 6 mitrailleuses, pour surveiller les bastions 68, 69, 70, 71 et 72.

Batteries de mortiers. — En avant du parc des Oiseaux on organise une batterie, cotée 21, de 4 mortiers de 27 et de 4 mortiers de 22, pour envoyer des bombes à tir plongeant ou à ricochet sur les bastions 68, 69 et 70, à une distance moyenne de 500 mètres.

Enfin, à côté de la briqueterie contiguë aux carrières situées entre le lycée et la place, une batterie, cotée 24, de 6 mortiers de 27 et de 2 mortiers de 22, doit jeter des bombes dans les bastions 71, 72, 73, à 350 mètres environ de distance.

L'ensemble de l'armement destiné à agir s'élève donc :

1° Contre l'enceinte à	81	bouches à feu ;
2° Contre le Point-du-Jour à.	14	—
3° Contre Montrouge à.	13	—
Total,	108	bouches à feu.

C'est sous la protection de ce puissant armement que nous allions nous engager dans le rentrant des forts de la plaine.

Le tableau n° 4 ci-après résume l'exposé de ces moyens d'attaque.

TABLEAU N° 4.

NUMÉROS et désignation.	EMPLACEMENTS.	ARMEMENT.							DESTINATION.	DATES	
		24 rayé long.	24 court.	42 rayé de siège.	7 rayé.	Mitrailleuses.	Mortiers de 27 cent.	Mortiers de 22 cent.	12 rayé de campagne.		de l'ouverture du feu.	de la cessation du feu.
7	Entre Châtillon et Bagneux.	»	»	»	»	»	»	»	6	Contrebattre le fort de Montrouge.	28 avril.	24 mai.
10	Carrières des Moulineaux.	3	»	»	»	»	»	»	»	Enfiler le Point-du-Jour.	5 mai.	24 mai.
15	Fort d'Issy.	3	»	»	»	»	»	»	»	Idem et les canonnières.	12 mai.	24 mai.
16	Haut des pentes du parc d'Issy, derrière les déblais de la route.	6	»	»	»	»	»	»	»	Enfiler le Point-du-Jour.	12 mai.	24 mai.
18	Derrière le chemin de Billancourt dans l'île de Saint-Germain.	»	»	1	1	»	»	»	»	Battre les canonnières.	13 mai.	24 mai.
19	Chemin de halage, rive gauche, à la hauteur de l'île de Billancourt.	»	4	2	»	»	»	»	»	Battre en brèche le viaduc à la porte de Billancourt.	20 mai.	24 mai.
20	Dans le parc du couvent des Oiseaux.	»	»	6	»	»	»	»	»	Contrebattre les bastions 68, 69, 70.	20 mai.	24 mai.
21	En avant du parc des Oiseaux.	»	»	»	»	»	4	4	»	Bombarder les bastions 68, 69, 70.	20 mai.	24 mai.
22	Près de la chapelle du lycée.	»	6	»	»	»	»	»	»	Battre en brèche le flanc gauche 69.	20 mai.	24 mai.
23	Plateau du lycée, à droite.	»	2	6	»	»	»	»	»	Contrebattre les bastions 73, 74, 75.	20 mai.	24 mai.
24	Près de la tuilerie, à Issy.	»	»	»	»	»	6	2	»	Bombarder les bastions 71, 72, 73.	20 mai.	24 mai.
25	Bastion 5 du fort d'Issy.	6	»	4	»	»	»	»	»	Aider à la confection des brèches, contrebattre l'enceinte de 68 à 75.	20 mai.	24 mai.
26	Glacis du fort de Vanves.	»	4	6	3	»	»	2	»	Contrebattre les bast. 73, 74, 75.	20 mai.	24 mai.
27	En avant de Bagneux.	»	»	5	»	2	»	»	»	Contrebattre le fort de Montrouge.	20 mai.	24 mai.
28	Dans le parc d'Issy.	»	»	»	»	6	»	»	»	Surveiller l'enceinte de 68 à 72.		
26'	Glacis du fort de Vanves.	»	»	8	»	»	»	»	»			
		18	16	38	4	8	10	8	6			

Pendant que l'artillerie s'occupait de la construction des batteries que nous venons d'indiquer, le génie, pressé de se débarrasser du fort de Vanves pour reporter toutes ses ressources devant l'enceinte, se hâtait de terminer les attaques de droite, où il n'y avait plus qu'à rejoindre les deux amorces entamées en arrière du front de gorge. En achevant de consolider l'occupation à la croisée des chemins, le capitaine Durand de Villers y fut blessé mortellement au moment où, baissé derrière un gabion vide d'une barricade, il montrait aux travailleurs la façon dont il fallait s'y prendre pour le remplir. La veille, le capitaine Roshem, chargé de la partie des attaques entre le lycée de Vanves et le chemin de fer, en dépassant la ligne des avant-postes, était arrêté par une patrouille des insurgés. Plus heureux que bien d'autres, le capitaine Roshem fut oublié dans sa prison et reprit sa place dans nos rangs à l'entrée des troupes dans Paris.

Dans la matinée du 14 mai, la compagnie auxiliaire du génie du 71ᵉ de marche, capitaine de Franclieu, pénétrait en reconnaissance dans le fort de Vanves et le trouvait évacué par ses défenseurs. Ceux-ci avaient gagné, par un puits situé dans la poterne 1-2, les carrières qui s'étendent sous le fort et sont en communication avec Paris.

Le commandant Fauvel procéda immédiatement à la recherche des fils électriques et des fourneaux qui, disait-on, avaient pu être préparés pour faire sauter le fort. Il trouva beaucoup de fils, mais aucun n'aboutissait à un fourneau ni aux magasins à poudre; il existait cependant un grand amas de bombes de 32, chargées et mises en communication par une traînée de poudre que l'on s'empressa de noyer. En même temps, on dégageait la poterne et on barricadait l'entrée du fort. Pendant la journée suivante et jusqu'à la prise de la place, on se borna, de ce côté, à réorganiser les communications ordinaires, à faire divers travaux sur les terre-pleins du fort pour se garer des projectiles, et à rattacher la poterne du front 3-4 aux tranchées de la Voie-Verte en retournant pour cela une portion de la contre-approche.

Les effets de l'artillerie avaient été encore plus foudroyants au fort de Vanves qu'au fort d'Issy. Les casemates étaient crevées (on pouvait même pénétrer dans l'une d'elles au moyen du talus formé par les terres éboulées), les casernes ruinées, le mur de gorge démantelé, le pont-levis brisé, les parapets bouleversés; enfin, les bouches à feu qui avaient servi à la défense portaient presque toutes des traces de nos projectiles.

Revenons aux attaques de gauche, les seules dont nous nous occuperons désormais. Pendant que l'artillerie s'occupe de construire les batteries rapprochées destinées à agir sur l'enceinte, nous allons cheminer en avant, sous la protection des pièces ayant vue sur les attaques, tant au fort d'Issy qu'à la carrière des Moulineaux, dans le parc et dans l'île Saint-Germain. Comme précédemment, nous nous proposons de procéder par une série de bonds, et de nous emparer ainsi successivement du terrain au moyen de parallèles prenant appui sur le village et s'étendant dans la plaine en refusant la gauche aux enfilades du Point-du-Jour. Nous espérons arriver ainsi par ces travaux brusqués jusqu'aux abords de la contrescarpe et être en mesure de donner l'assaut aussitôt que l'artillerie aura ouvert la brèche.

Nuit du 14 mai. — Nous commençons cette série d'opérations dans la nuit du 14 au 15 mai par l'ouverture, sur une longueur de 700 mètres environ, d'une parallèle partant de l'hospice des Petits-Ménages.

Nuit du 15 mai. — Elle est élargie et approfondie la nuit suivante, et on entreprend dans la plaine une tranchée de communication entre les Moulineaux et nos parallèles, car la route de Versailles, labourée par les obus, et la tranchée du parc d'Issy sont insuffisantes pour la grande circulation qui va s'établir. Un dépôt de tranchée secondaire est installé dans le parc des Oiseaux en face de celui du Val, où nous maintenons les magasins, les poudres, etc.

Nuit du 16 mai. — Dans la nuit du 16 au 17, on se rapproche encore, et on entame une nouvelle parallèle qui part du carrefour de la rue du Vivier et se prolonge jusqu'à la Seine, dans la direction de l'usine à gaz. En même temps, on occupe toutes les constructions et enclos jusqu'à la limite extrême d'Issy et de Vanves, en sorte qu'il n'existe plus qu'un terrain découvert entre la tête de ces villages et la place. Les seuls feux à craindre désormais viennent du rempart, feux bien définis et par suite moins gênants. On organise des communications dans toute cette nouvelle occupation et on débouche dans le ravin des carrières. On installe immédiatement quelques embuscades en haut des escarpements de ces carrières pour inquiéter les artilleurs insurgés et ralentir leur tir, qui gêne la construction des batteries du lycée et fait beaucoup de mal à nos avant-postes dans la Grande-Rue.

Nuit du 17 mai. — La nuit suivante, on prolonge la parallèle en direction de l'usine à gaz et on continue la grande communication de la plaine, que l'on rattache à la batterie en construction sur le bord de la Seine. On développe les embuscades des carrières, de manière à les transformer en une sorte de place d'armes.

Nuit du 18 mai. — Ces travaux se continuent le lendemain.

Nuit du 19 mai. — Dans la nuit du 19 au 20 mai, le commandant Michon fait un pas considérable en avant. Malgré le feu très vif de l'ennemi, il ouvre, sous la protection d'un mur de clôture, une tranchée à 200 mètres en avant de la parallèle la plus avancée. Cette nouvelle communication va ficher dans un groupe de maisons qui la protègent contre les enfilades du Point-du-Jour. Dès l'aube, les insurgés font tomber le mur à coups de canon, mais il est trop tard et déjà les travailleurs sont à l'abri.

Comme l'artillerie doit ouvrir son feu le lendemain 20 mai, on commence à tout préparer pour l'éventualité d'un assaut : on emploie tous les hommes et toutes les prolonges disponibles à réunir au parc des Oiseaux les échelles, gabions, madriers, outils que nécessiteront un assaut et la guerre des rues. Les compagnies de sapeurs et les compagnies auxiliaires reçoivent l'ordre de se munir de leur côté de tout l'outillage que va comporter cette nouvelle série de travaux.

Nuit du 20 mai. — Sous la protection du feu de nos nouvelles batteries qui ont ouvert le feu dans la journée, on prolonge jusqu'en face de la porte de Sèvres le boyau de tête. On s'occupe avec ardeur à élargir les parallèles et les communications les plus rapprochées de la place, car le moment de l'assaut approche, et il faut que nos tranchées puissent recevoir les colonnes destinées à aborder les brèches et les troupes destinées à les soutenir.

Nuit du 21 mai. — Dans la nuit du 21 au 22 mai, on devait se porter en avant et couronner la contrescarpe entre les portes de Sèvres et d'Issy. On s'attendait, d'après la marche du tir, à voir tomber dans la matinée le flanc gauche du bastion 69 et à donner l'assaut dès que la brèche serait praticable, et essayer en même temps de forcer la porte de Sèvres, dont le pont-levis, qui venait de tomber sous nos coups, nous donnait passage pour entrer. De l'autre côté de la Seine, la porte de Billancourt avait été démolie à coups de canon ; les palanques qui défendaient la porte du bas de Meudon étaient en partie rasées. Enfin, le mur qui bouchait la porte d'Issy venait d'être détruit dans la journée du 20 par notre artillerie. Pendant ce temps, une batterie établie en avant du village de Boulogne enfilait de ses projectiles le long couloir qui s'étend entre le rempart et le remblai du chemin de fer de ceinture, pour rompre les obstacles que les insurgés auraient pu établir sur ce point et les en chasser. Le 2e corps touchait donc au but, lorsque dans l'après-midi l'on apprit que les troupes du 4e corps, dont les attaques s'étendaient jusqu'au Point-du-Jour, ayant été averties que les défenseurs avaient abandonné un moment la garde des bastions du Point-du-Jour et de la porte du même nom, venaient d'en prendre possession sur le champ et se disposaient à pénétrer dans l'intérieur de Paris. Le général de Cissey reçut l'ordre de se préparer à entrer dans la place dans la nuit du 21 au 22, en donnant au besoin l'assaut par les brèches que l'artillerie continuait à améliorer, si l'on ne trouvait pas les portes ouvertes.

Un itinéraire distinct fut aussitôt tracé à chacune des trois divisions du 2e corps, jusqu'aux points où elles devaient entrer en action pour éviter toute espèce de confusion entre les diverses colonnes. Les 2e et 3e divisions sont chargées de donner l'assaut; la 1re reste en réserve et entrera par la porte de Versailles.

Il est prescrit à la 1re division, campée à Meudon, de suivre la route des Moulineaux, de se masser dans un enclos situé derrière l'usine Gevelot, et de là de gagner le bord de la Seine et le chemin des Charbonniers qui conduit à la porte de Sèvres.

La 3e division, campée autour du Plessis-Piquet, doit aller se masser dans la grande tranchée du chemin de fer, puis traverser Issy en longeant le château, et se diriger par la rue des Prés et la rue du Vivier jusqu'à la porte d'Issy.

Les colonnes chargées d'escalader les brèches ou de pénétrer par les portes de Sèvres et d'Issy sont massées en tête des cheminements et dans les parallèles en arrière, parallèles qui se rattachent d'une part à la rue des Charbonniers et de l'autre à la rue du Vivier. Elles devront arriver dans ces positions, à l'abri des feux, par les communications couvertes qui les relient au terrain en arrière.

Quant à la 1re division, de son campement de Châtenay, elle doit se diriger sur Clamart, de là envoyer une de ses brigades dans le parc des aliénés et laisser l'autre dans la tranchée du chemin de fer. L'artillerie de campagne des 2e et 3e divisions doit se masser en tête de la 1re division et entrer avec elle par la porte de Versailles; leur artillerie de montagne suit les colonnes d'assaut.

La réserve générale est formée par la brigade Berthe, de la division Faron; elle vient d'être mise à la disposition du général de Cissey.

Six bataillons sont laissés en arrière sous le commandement du colonel Leperche; ils doivent occuper une partie des positions que le mouvement projeté va forcer à abandonner.

La cavalerie, sous les ordres du général du Barail est chargée de surveiller tout le terrain en arrière.

La compagnie Granade, ayant à sa tête le commandant Michon, précède la 1re brigade (Bocher) de la division Susbielle; elle arrive par la route des Moulineaux à la porte de Sèvres, trouve les manœuvres du pont-levis qui obstruaient le passage, et se met immédiatement à les dégager. Vers une heure du matin, on parvient à faire passer un à un, sur des madriers, les hommes du 18e bataillon de chasseurs et les fusiliers-marins. Après un léger engagement avec les insurgés qui gardent la porte, les troupes occupent la station de Grenelle et se répandent à droite et à gauche sur le remblai du chemin de fer de ceinture. Une section de sapeurs reste en arrière pour démolir la barricade du passage sous la gare et rétablir la circulation. Un autre détachement se rend à la porte de Versailles et commence à démolir la barricade établie contre le pont-levis, de façon à pouvoir le baisser et livrer passage aux colonnes. Cette démolition est achevée par la section commandée par le capitaine Perboyre. Cela fait, la division pénètre dans Paris par les rues de Lourmel, Saint-Charles, et se dirige sur l'Ecole militaire.

La division Lacretelle commença aussitôt son mouvement pour entrer par la porte de Versailles, chacune de ses brigades précédée par une des sections de la compagnie Badère. Dès l'entrée, on est arrêté par une forte barricade établie rue de Vaugirard et qu'appuient les défenseurs logés dans le collège des Jésuites. On est obligé, pour vaincre cette résistance, de mettre en batterie des pièces de 4 en dehors de la porte de Versailles et de cheminer dans les maisons jusqu'à la place de la Mairie. L'autre brigade entrait pendant ce temps par la porte d'Issy et prenait par les rues Croix-Nivert, Lecourbe et de Vaugirard et allait s'établir aux Invalides, où les sapeurs s'occupaient immédiatement de visiter les égouts, d'y couper les fils électriques et de mettre à l'abri de l'incendie le grand dépôt renfermé dans l'hôtel.

De son côté, la compagnie Quinivet démolissait la barricade

des rues et des chemins du village d'Issy, pour faciliter le passage des colonnes et de l'artillerie.

Vers 8 heures du matin, le mouvement des 2e et 3e divisions était complètement prononcé. Le général en chef entrait par la porte de Sèvres avec son état-major et se portait à travers le quartier de Grenelle à l'Ecole militaire, où il établissait son quartier général vers 9 heures 1/2 du matin.

De son côté, la 1re division pénétrait à son tour par la porte de Versailles et avait aussitôt appuyé à droite pour porter une brigade, par les rues Lecourbe et de Vaugirard, jusqu'au boulevard Montparnasse. Elle pousse ainsi jusqu'à la gare et y arrive en même temps que la seconde brigade qui avait été dirigée par le chemin de ceinture.

Ces opérations absorbent toute la journée du 22.

Journée du 23 mai. — Le 23, les divisions Le Vassor-Sorval et Lacretelle doivent étendre leur occupation, la première en enlevant le carrefour des Quatre-Chemins et le cimetière Montparnasse, la deuxième en se dirigeant par la Croix-Rouge et Saint-Sulpice jusqu'à hauteur du Luxembourg. Ces divisions rencontrent beaucoup de difficultés pour opérer leurs mouvements; l'occupation même de la gare Montparnasse est fortement inquiétée par l'artillerie des barricades des insurgés à la rue de Rennes, à l'Observatoire et au carrefour des Quatre-Chemins. Pour aider le mouvement qui doit dégager l'Observatoire, la section Perboyre, sous la direction du commandant Fauvel, chemine dans les maisons le long des deux côtés du boulevard Montparnasse. Une section de la compagnie Picavet chemine également dans les maisons le long du cimetière jusqu'à la rue Daguerre, et prépare ainsi l'enlèvement de la forte position de la barrière d'Enfer. La compagnie Badère est occupée de son côté et dans les mêmes conditions à tourner les barricades du carrefour de la Croix-Rouge. Le 23 au soir, on est maître de la chaussée du Maine, du carrefour des Quatre-Chemins et de l'église Saint-Pierre. Les cheminements du boulevard Montparnasse sont arrivés au marché aux Fourrages et à la rue Vavin. L'attaque de la Croix-Rouge et de la rue Vavin est continuée pendant la nuit.

Journée du 24 mai. — Le 24 mai, la division Lacretelle continue son mouvement en enlevant les barricades des rues du Four, du Vieux-Colombier et de Rennes; quant à la division Susbielle, demeurée en repos le jour précédent, elle marche à l'attaque des quartiers du Luxembourg et du Panthéon, de concert avec la division Le Vassor-Sorval. Celle-ci doit opérer entre l'Observatoire et l'enceinte et tourner la position par le Val-de-Grâce et l'Ecole polytechnique. La division Susbielle doit suivre le boulevard Montparnasse et arriver par le côté ouest, tandis que la division Lacretelle, partant de la Croix-Rouge, doit arriver par le nord et l'est.

Tous ces mouvements s'exécutent comme il est prescrit. La 1re division enlève l'hospice de la Maternité et les barricades de la rue d'Enfer. La compagnie Picavet, après avoir cheminé dans les bâtiments de cet hospice, fait le même travail dans ceux de la maison d'accouchement et de l'hôpital du Midi, pour faciliter l'enlèvement des barricades de la rue Saint-Jacques et du boulevard de Port-Royal. De là, elle concourt avec les autres divisions à l'attaque du Panthéon.

La 2e division pénètre dans le Luxembourg par la grille de la rue Vavin, dont le cheminement entrepris par le commandant Fauvel a fait tomber les barricades. Cette rue est entièrement dévastée, tant par l'explosion de plusieurs barils de poudre placés derrière une barricade et d'une partie de la poudrière du Luxembourg, que par les incendies allumés dans les maisons par les insurgés.

Du Luxembourg, les divisions se rabattent sur l'Ecole polytechnique, et le soir on occupe tout le quartier compris entre l'Observatoire et la halle aux Vins.

Journée du 25 mai. — Le 25 mai, on poursuit les opérations par l'enlèvement de la forte position de la place d'Italie. Une brigade de la 2e division prend position dans la rue de la Santé. Elle marche sur la place d'Italie en s'emparant de tout le terrain situé entre les boulevards de Port-Royal et d'Italie, et se relie par la gauche à la division Lacretelle, qui doit parcourir le terrain compris entre le boulevard de Port-Royal et la Seine, occuper la gare d'Orléans ainsi que les ponts d'Austerlitz et de Bercy. Enfin, le général Le Vassor-Sorval opère entre la place d'Italie et l'enceinte. Une de ses brigades suit le chemin de fer de Ceinture et la rue Militaire pour forcer le passage de la Bièvre et s'emparer de la gare des marchandises d'Orléans. La compagnie Picavet, qui l'accompagne, barre successivement les portes de l'enceinte et organise la défense du pont Napoléon contre un retour offensif.

La compagnie de mineurs, vigoureusement conduite par le capitaine Quinivet, a marché avec l'autre brigade et pris une grande part à l'enlèvement des redoutables défenses de la place d'Italie.

Le même jour, le fort de Montrouge et la redoute des Hautes-Bruyères étaient tombés entre nos mains. Les forts de Bicêtre et d'Ivry étaient sommés et se rendaient à discrétion.

Toute la rive gauche était ainsi occupée, et le 2ᵉ corps avait accompli glorieusement et rapidement la tâche qui lui avait été dévolue dans la marche générale des opérations.

Dans la journée du 26, la brigade Bounetou allait concourir aux opérations de la rive droite en occupant la gare de Lyon, et le 27, tous les corps s'occupaient de s'installer dans les cantonnements assignés par le général en chef pour l'occupation militaire de la rive gauche.

En résumé, le 2ᵉ corps de l'armée de Versailles prenait position le 11 avril sur le plateau qui commande la Bièvre, et gardait pendant quelques jours une attitude passive vis-à-vis des insurgés.

Le 24 avril, le siège des forts d'Issy et de Vanves était décidé, et le général de Cissey nommé commandant de l'armée de siège.

Le 2ᵉ corps était renforcé de la division Faron, retirée provisoirement de l'armée de réserve.

Dès le lendemain 25, l'artillerie ouvrait son feu contre les deux forts.

Le 26, les opérations effectives commençaient par la prise de vive force du village des Moulineaux.

Le lendemain 27, nous nous établissions en haut des pentes du Val et nous prenions position au bord du plateau qui couvre le fort d'Issy.

Le surlendemain 29, l'attaque du cimetière nous portait à 300 mètres du fort, et mettait en notre possession la tête du parc d'Issy.

Maîtres de l'entrée du parc et de la tranchée du chemin de fer qui sont à l'abri des vues du fort d'Issy, au pied de ses glacis, nous nous portions le 1ᵉʳ mai à l'extrémité de ces grands couverts, dans la pensée de partir de là par de nouveaux cheminements marchant à la rencontre les uns des autres, de manière à couper la retraite aux défenseurs.

Le 3 mai, nous débouchons de la station de Clamart; mais nous ne sommes maîtres de la position que le surlendemain 5.

Ce jour-là, nous nous logeons dans le parc des aliénés. Le même jour, nous commençons nos cheminements dans le village d'Issy.

Le 7, nous nous emparons de l'enclos qui commande la route principale du fort avec Paris.

Le 8, nos cheminements atteignent l'église. Le 9 au matin, avant que nous ayons achevé d'envelopper le fort, la garnison l'évacue.

Aussitôt après la prise du fort d'Issy, nous débouchons dans le village, vers l'enceinte, et nous entamons les cheminements enveloppants qui firent tomber, trois jours après, le fort de Vanves entre nos mains.

Le 12, nous nous emparons du couvent des Oiseaux et du séminaire.

Le lendemain 13, nous prenons possession du lycée.

Le 14, évacuation du fort de Vanves, serré de trop près par nos tranchées.

Les jours suivants sont employés à marcher sur l'enceinte.

Le 20, l'artillerie ouvre son feu.

Le 21, le 4e corps pénètre dans la place.

Le 22, le 2e corps entre à son tour dans Paris par les portes de Sèvres et d'Issy, qu'il s'est ouvertes par son canon.

Le 25 au soir, toute la rive gauche est conquise pied à pied sur les insurgés.

Un mois après le commencement des opérations contre les forts d'Issy et de Vanves, le 2e corps avait accompli sa tâche. Ce brillant résultat était dû essentiellement à la vigueur et à l'intelligence du commandement et à l'élan des troupes et de leurs chefs, enfin à l'union et à l'énergie de l'artillerie et du génie.

Mention toute particulière doit être faite par le commandant du génie, du concours dévoué et intelligent qui lui a été donné dans toutes les opérations du siège par le colonel Salanson, son chef d'état-major.

L'arme du génie a payé cher ces succès; 4 officiers ont été tués : les capitaines Lafosse, Bunel, Durand de Villers et le sous-lieutenant Sulfour; 4 blessés : le commandant Fauvel, les capitaines Mondange et Perboyre, le sous-lieutenant Cuvillier.

En outre, 4 sapeurs ont été tués et 65 blessés, parmi lesquels 3 sont morts depuis; 2 ont disparu.

L'ensemble des pertes subies par les troupes qui ont pris part aux opérations du siège se décompose de la manière suivante :

	OFFICIERS			TROUPE		
	Tués.	Blessés.	Disparus.	Tués.	Blessés.	Disparus.
2ᵉ corps..................	14	126	1	218	1,711	45
5ᵉ corps (du 3 au 10 mai).....	»	3	»	4	85	1
Totaux...........	14	129	1	222	1,796	46

En l'absence de documents officiels, il n'a pas été possible de préciser les pertes de la division Faron, qui a concouru aux opérations du 2ᵉ corps jusqu'à l'entrée dans Paris, mais il est facile de s'en rendre compte d'une manière assez approximative en les évaluant au tiers des pertes du 2ᵉ corps pendant la même période : 28 officiers tués, blessés ou disparus, et 401 sous-officiers et soldats, ce qui élève en bloc les chiffres des pertes à 172 officiers et 2,465 sous-officiers et soldats.

Le développement des tranchées exécutées par le 2ᵉ corps a atteint 23 kilomètres. L'artillerie a construit 30 batteries et tiré 60,000 coups de canon.

Paris. — Imprimerie L. Baudoin et Cᵉ, rue Christine, 2.

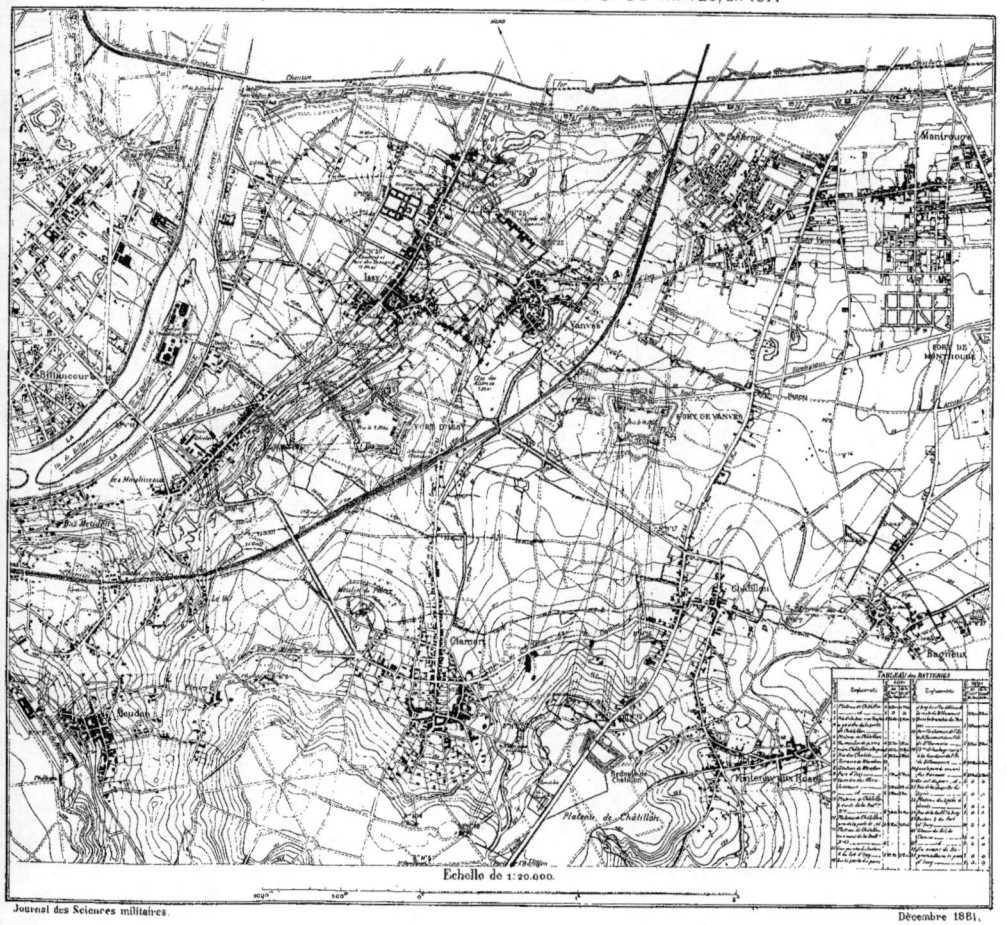

www.ingramcontent.com/pod-product-compliance
Lightning Source LLC
LaVergne TN
LVHW021725080426
835510LV00010B/1152